Kundenberatung
im Fachgeschäft für Uhren, Schmuck und Silberwaren

Kundenberatung im Fachgeschäft für Uhren, Schmuck und Silberwaren

Technik, Taktik, Argumente
für erfolgreiche Verkaufsgespräche

von

Erhard Wanhoff
Königstein

1. Auflage

Bielefelder Verlagsanstalt KG
Bielefeld

Copyright 1987
by Bielefelder Verlagsanstalt KG
D-4800 Bielefeld 1

Alle Rechte vorbehalten. Nach-
druck, auch auszugsweise, sowie
fotomechanische Wiedergabe nur
mit Genehmigung des Verlages.

Druck:
E. Gundlach KG, Bielefeld
Printed in Germany.
ISBN 3-87073-017-x

Zu diesem Buch

Dies ist ein Lesebuch für Fachverkäuferinnen und Fachverkäufer.

Nicht Patentrezepte (die es gar nicht gibt!) oder gar abstrakte Verkaufsformeln sind darin aufgeführt, sondern Anregungen und Tips, die, soweit wie möglich reproduzierbar, aus dem Alltag der Fachgeschäftspraxis entnommen wurden.

Dies Buch soll aber auch ein Arbeitsbuch sein: versuchen Sie die darin beschriebenen Situationen auf Ihr Geschäft, auf Ihre Kunden und auf Ihre Persönlichkeit zu übertragen und anzupassen. Denn: vom Auswendiglernen möglicher oder meist unmöglicher „Verkaufsformeln" ist noch niemand ein guter Verkäufer geworden, wohl aber durch Lernen aus Erfahrung.

So verkündet dieses Buch auch keine „reine Lehre", sondern führt über verschiedene Stationen durch Verkaufsgespräche mit unterschiedlichen Produkten.

Neben den verkaufstechnischen und den verkaufstaktischen Anmerkungen haben wir dem Thema „Ware plus" große Aufmerksamkeit geschenkt. Das umfangreiche Kapitel „Argumente, Argumente..." soll Ihnen helfen (und Sie anregen), nicht nur ein Produkt zu verkaufen, sondern dazu ebenso sachbezogene wie gefühlsbetonte Argumente zu finden. Denn erst, wenn unsere Ware eine glaubhafte „Geschichte" hat, ist sie für den Kunden begehrens- und kaufenswert.

Und: anders als in vielen anderen Veröffentlichungen zum Thema Verkaufen, haben wir uns auch sehr intensiv mit dem Problem Kunde–Mensch beschäftigt. Vor allem auch deshalb, weil in vielen Fachgeschäften der Kunde immer noch als zwar notwendige, aber lästige Unperson empfunden wird.

Dieses Denken aber gilt es zu ändern.

Für die Anregungen und Tips, die ich für dieses Buch vor allem aus dem Kreis des Königsteiner Dozententeams, besonders von meinem Kollegen Franz Kubitzki, erhalten habe, möchte ich mich an dieser Stelle herzlich bedanken.

Königstein, im September 1986

E. Wanhoff

Die Karikaturen entnahmen wir mit freundlicher Genehmigung von De Beers dem Buch „Diamanten. Mehr wissen, besser verkaufen".

Die Abbildungen und Illustrationen entnahmen wir dem Archiv der Fachzeitschrift Uhren Juwelen Schmuck.

Für die Genehmigung, „Tips für den Verkauf von hochwertigem Schmuck" in dieses Buch zu übernehmen, bedanke ich mich bei Karl Meyer-Amler sehr herzlich.

Die Abbildungen von historischen Uhren im Kapitel „Formen und Stile" stellte mir dankenswerterweise Oberstudienrat Robert Schleich zur Verfügung.

6

In diesem Buch

Verkaufen – was heißt das?

Die Antworten auf diese Frage lauten meist so:

- **Verkaufen bedeutet beraten –**
- **Verkaufen heißt Freude bereiten –**
- **Verkaufen ist Bedarfsdeckung –**
- **Verkaufen gleicht Wunscherfüllung.**

Alle diese Deutungen sind richtig und falsch zugleich, wenn sie für sich alleine genommen werden. Denn die Tätigkeit, die wir als Verkauf bezeichnen, ist eine komplexe Handlung, in der zeitlich und thematisch unterschiedliche Tätigkeitsabläufe zu finden sind.

Natürlich läßt sich Verkaufen auch als weiterentwickelte Form des früheren Tauschhandels kennzeichnen. In bestimmten Produktbereichen ist das durchaus zutreffend: Grundnahrungsmittel etwa sind ein Beispiel dafür. Hierbei wird lebensnotwendiger Bedarf gedeckt.

Die Produkte, die wir anbieten, zählen dagegen zu jenen Gütern, die nicht zwingend lebensnotwendig sind. Wir tauschen also nicht nur Ware gegen Geld. Wir decken keinen „natürlichen" Bedarf.

Und noch ein Unterschied: Während Tausch ein von wenigstens zwei Seiten gleichmäßig gesteuertes Handeln beinhaltet, muß sowohl Verkaufen als auch Kaufen als einseitige Aktivität gesehen werden.

Erfolgreich verkaufen könnte man also als sinnvolle Steuerung beider Aktivitäten verstehen.

Die Aktivität des Käufers hat, wie wir noch sehen werden, verschiedene Ursachen. Sie bewirken, daß er nicht nur Ware wünscht, sondern darüber hinaus „Nutzanwendung", „Gebrauchsfähigkeit", „Illusion".

Und: Uhren, Schmuck und auch Silbergerät zählen in hohem Maße zu den erklärungsbedürftigen Produkten. Einmal bedingt durch die dem Laien nicht ohne weiteres verständliche Technik (Uhren) oder aber wegen der Besonderheit des Materials (Edelmetalle, Edelsteine).

Die aus diesem Grunde notwendige warenkundliche Information ist also zusätzliche Ware, die den Wert des Materiellen erhöht.

Daraus zu schließen, ein Käufer von Uhren und Schmuck müßte wegen der Erklärungsbedürftigkeit dieser Produkte notwendigerweise ein Fachgeschäft aufsuchen, ist falsch.

Zum einen kann die notwendige Erklärung durchaus schriftlich gegeben werden (Prospekte, Katalog) und zum anderen hängt die Bereitschaft des Käufers, Erklärungsbedürftigkeit zu erkennen, auch vom Wert des Produktes ab.

Hinzu kommt: durch DIN-Normen und RAL-Bestimmungen, die auch dem Käufer häufig bekannt sind, kann der Grad der Erklärungsbedürftigkeit gesenkt werden. Aber auch neue Technologie oder Fertigungstechnik kann Produkte „problemlos" machen.

Nicht unterschätzen sollten Sie in diesem Zusammenhang auch die Tatsache, daß der Verbraucher heute allgemein besser informiert ist, als vielleicht vor zehn Jahren.

Zum einen ist er „testerfahren", d. h., er liest selbstverständlich alle für ihn erreichbaren Veröffentlichungen (Stiftung Warentest, Für Sie-Test, DM), zum anderen kann er in nahezu allen Zeitschriften immer wieder warenkundliche Informationen gerade auch aus dem Uhren- und Schmuckbereich finden.

In dem Maße, in dem Organisationen wie z. B. De Beers oder die International Gold Corporation ihre Öffentlichkeitsarbeit verstärkt haben, wird der Verbraucher, so er will, immer informierter.

Es heißt, ein gut informierter Kunde sei ein guter Kunde. Das stimmt – aus der Sicht der Verkäufer aber nur dann, wenn der Kunde nicht mehr weiß.

Sie sehen daraus, daß Verkauf keineswegs Beratung im Sinne von Information voraussetzt. Das Informieren ist vielmehr nur Teil davon.

Nehmen wir also die bisher gefundenen Einzelbeschreibungen der Tätigkeit Verkaufen

9

als Grundlage für folgende Definition:

Verkaufen heißt, ein Produkt so anbieten und beschreiben können, daß der Interessent zu der Überzeugung gelangen kann, ein für ihn in Geltungsnutzen, Gebrauchsnutzen und Preis optimalen Gegenwert zu erhalten.

Wenn Sie also erfolgreich verkaufen wollen, müssen Sie in der Lage sein, fachlich richtig zu beraten und verantwortungsbewußt zu überzeugen. Der Kunde, der Ihr Geschäft mit einem bestimmten Wunsch betrat, wird es nur dann zufrieden verlassen, wenn ihm der Kauf auch Freude bereitet hat.

Nicht allein die Uhr oder das Schmuckstück dürfen ihm diese Freude geben. Auch Ihr Verkaufsgespräch muß ihm den Eindruck vermitteln, inmitten des grauen Alltags eine freundliche halbe Stunde erlebt zu haben.

Und damit sind wir bei einem wichtigen Teilbereich des Verkaufens: wenn Sie diese Tätigkeit nur als Job betrachten, der eben getan werden muß, dann können Sie kaum mit Ihrem Beruf zufrieden sein. Und das wird sich auf die Gespräche mit Kunden auswirken. Negativ natürlich.

Sehen Sie also im Verkaufen keine schematische Tätigkeit, sondern einen durch hohes Fachwissen und Freude am täglichen Kontakt mit vielen Menschen gekennzeichneter Beruf.

Ich bin doch eigentlich ganz gut!

Auch wenn Sie erst wenige Tage im Geschäft stehen – als Kundin oder Kunde haben Sie ja, wenn auch in anderen Branchen, viele Erfahrungen beim Einkaufen gemacht.

Und bevor Sie selbst den Verkäuferberuf ergriffen, vielleicht nicht unbedingt als „Traumberuf", waren Sie – hoffentlich, sicherlich – so ehrlich und haben zu sich gesagt, „so" möchte ich niemals sein!

Gut, dann schreiben Sie bitte auf, wie Sie nicht sind:

_____

_____

_____

_____

_____

_____

_____

_____

Die Frage ist jetzt natürlich, ob Ihre Kunden das auch so sehen. Daß in der ersten Selbstkritik das Urteil meistens lautet: „Ich bin doch eigentlich ganz gut", ist verständlich.

Gehen wir also einen Schritt weiter und untersuchen die eigentlichen „Stärken".

Notieren Sie bitte, wie Sie sich selbst als Verkäuferin/Verkäufer sehen:

_____

_____

_____

_____

_____

_____

_____

Sie haben so offen und selbstkritisch wie möglich geantwortet? Gut, dann sind neben einigen kleinen Schwächen natürlich vor allem ihre Stärken festgehalten. Die werden Sie auf den folgenden Seiten bestätigt erhalten, die weniger starken Eigenschaften und Fähigkeiten können Sie verbessern und zu Ihrem Vorteil entwickeln.

Zuvor jedoch wollen wir einen kleinen Blick auf eine Untersuchung werfen, die sich mit dem befaßte, was wir soeben besprochen haben – aber aus Sicht der Kunden.

...das mögen Kunden gar nicht gern

Natürlich sind wir nicht jeden Tag und zu jeder Stunde in der Stimmung, mit einem „Sonnenscheingesicht" herumzulaufen. Und ebenso ist es verständlich, daß uns gelegentlich „die Worte fehlen" – aus fachlichen oder auch menschlichen Gründen. Häufig genug aber sind es nicht die kleinen Schwächen, die den Kunden ärgern oder gar vom Kauf abhalten, sondern handfeste Erfahrungen.

In einer Untersuchung über das Image des Verkaufspersonals in Uhren- und Schmuckfachgeschäften (Gruner + Jahr Verlag) stimmten die befragten Kunden den folgenden Aussagen ganz oder teilweise zu, wobei die Zustimmungsquote von 28% bis zu 12% reichte:

- Ist nur freundlich, wenn man so aussieht, als wenn man Geld hat (28%)

- Läßt einen sich nicht erst einmal in Ruhe umsehen

- Versucht einen zu überreden

- Verursacht einem ein schlechtes Gewissen, wenn man nichts kauft

- Drängt einen zum Kauf

- Ist ungeduldig, wenn man nicht sofort weiß, was man haben will

- Behandelt einen hochnäsig

- Entwickelt kaum Phantasie und Vorschläge für die Wünsche des Kunden

- Tut so, als ob der Kunde keinen Geschmack hätte

- Hat nicht genug Fachwissen (12%)

Wie gesagt, dies ist keine Pauschalbewertung aller Verkaufsmitarbeiter in den Uhren- und Schmuckgeschäften – in der Auflistung der „typischen" Kundenaussagen jedoch eine gute Checkliste für das, was wir auf keinen Fall tun sollten.

Selbst wenn wir unterstellen, daß in einer derartigen Untersuchung sicher auch Vorurteile der Befragten enthalten sein können, bleiben genügend Schwachpunkte übrig. Über die jedoch müssen wir sprechen.

Wie wir in den weiteren Abschnitten noch sehen werden, hat der Konsument, also unser Kunde, ein neues, ein anderes Selbstbewußtsein entwickelt. Dies bleibt natürlich nicht ohne Auswirkung auf sein Verhalten beim Kaufen.

Gelingt es uns nicht, dies neue Verbraucherverhalten zu berücksichtigen, darauf einzugehen, so sind Bewertungen, wie sie in der Image-Untersuchung zutagetraten, nicht überraschend.

Prüfen Sie sich anhand der gemachten Kundenaussagen einmal selbst: haben Sie nicht schon einmal (oder gar mehrmals?) ebenso gehandelt? Und warum? Lag es an Ihnen selbst? Am Betriebsklima? An den Vorgesetzten? War es Gleichgültigkeit oder tatsächlich Überheblichkeit?

Was immer zunächst die Ursache gewesen sein mag: um über die eine oder andere Klippe, die ja nicht selten aus Unwissenheit oder gar aus Unsicherheit entstanden sein mag, hinwegzukommen, müssen wir uns zuerst mit uns selbst, mit unserer eigenen Verkäufer-Persönlichkeit, befassen.

Sie sind mehr, als „nur" eine Verkäuferin!

Verkaufen ist eine anspruchsvolle, beratende Tätigkeit, die hohe Anforderungen an uns stellt. Verschiedene persönliche und auch fachliche Voraussetzungen müssen erfüllt sein, wollen Sie diesen Beruf zu ihrer eigenen Zufriedenheit, der des Chefs und natürlich auch der des Kunden ausüben.

Wichtig ist also zunächst eine positive Einstellung zum Beruf, zum Kunden, zum Unternehmen und natürlich auch zu den Produkten.

Und nun listen wir einmal auf, mit welchem „Eigenschaftenpaket" Sie ausgerüstet sein müssen, um erfolgreich verkaufen zu können:

Fachwissen

Klar, daß Sie über gründliche Produktkenntnisse verfügen, die Sie immer auf dem neuesten Stand halten. Informieren Sie sich laufend aus Fachzeitschriften, Firmenbroschüren und Gebrauchsanweisungen. Versuchen Sie, wenigstens einmal jährlich ein Fortbildungsseminar zu besuchen. Fragen Sie Vertreter, sprechen Sie mit Kolleginnen und Kollegen und natürlich auch Ihren Vorgesetzten, um alle Produkte Ihres Unternehmens auch wirklich zu kennen und erläutern, beschreiben, also glaubhaft machen zu können.

Allgemeinwissen

Gebildete Mitarbeiter im Verkaufsgespräch müssen nicht unbedingt ein kunstgeschichtliches oder maschinenbautechnisches Studium absolviert haben.

Aber: natürlich müssen Sie sich in Form- und Stilfragen auskennen, sollten die aktuellen Modetrends ebenso kennen, wie die Veränderungen der Verbrauchergewohnheiten verfolgen und den sich ständig wandelnden Kosumentengeschmack beobachten. Informationen dazu und darüber finden Sie in den Fachzeitschriften, in den Spezialillustrierten (Frauen-, Mode-, Wohnen-Zeitschriften) und hie und da sicher auch in Rundfunk und Fernsehen.

Bedenken Sie: wenn wir Schönheit, Prestige, Lebensgefühl und Lebensqualität verkaufen wollen, müssen wir wissen, was der Konsument zur Zeit darunter versteht.

Der Blick „über den fachlichen Gartenzaun" ist also deshalb wichtig, um unsere Produkte in das richtige Umfeld einordnen zu können.

Selbstsicherheit

Je mehr Wissen Sie zur Verfügung haben, das Sie jederzeit abrufen können, desto sicherer ist Ihr Umgang mit anderen Menschen. Natürlich spielt auch die eigene Persönlichkeitsstruktur hierbei eine wichtige Rolle – und: Erfahrung. Und schließlich: wer sich verständlich ausdrücken kann, gewinnt auch an Selbstsicherheit. Deshalb haben wir dem Thema „Sprache im Verkauf" ein eigenes Kapitel gewidmet.

Einfühlungsvermögen

Kunden, die zu uns ins Fachgeschäft kommen, erwarten von uns eine Lösung ihrer Probleme. Das heißt, wir müssen uns auf jeden Kunden neu einstellen, können nicht mit einem Schema Feinen wie den anderen abfertigen. Vielleicht läßt sich das Wort Einfühlungsvermögen in diesem Zusammenhang so verdeutlichen: wir müssen uns bemühen, das Problem mit den Augen des Kunden zu sehen und erst nach dem Erkennen suchen wir gemeinsam eine Lösung.

Zuhören

Viele Verkaufsgespräche verlaufen unbefriedigend, dauern zu lange oder enden ohne Kauf, weil wir nicht zuhören können. Folgen: Ware kommt zu früh auf den Tisch, wir überhören den eigentlichen Wunsch (Bedarf, Problem), fallen dem Kunden zu schnell ins Wort, beachten seine Einwände und Gegenargumente nicht. Klar: wenn wir in einem Gespräch aneinander vorbeireden, wird es schwer sein, auf einen gemeinsamen Nenner zu kommen. Also: konzentrieren Sie sich bitte, lassen Sie den Kunden ausreden – haben Sie Geduld!

Freundlichkeit

…macht sich (fast) immer bezahlt. Privaten Ärger zu Hause lassen. Auch wenn es manchmal schwerfällt, im Verlauf eines Verkaufsgespräches freundlich zu bleiben, bemühen Sie sich! Der Kunde bemerkt unseren Ärger sofort und reagiert entweder mit (verdeckter) Freude oder Nachbohren. Zum einen macht es ihm Spaß, uns aus dem Tritt gebracht zu haben, zum anderen hakt er nach, weil er mißtrauisch geworden sein kann. Holen Sie ganz einfach tief Luft (der Kunde muß es ja nicht merken), wenn es schwierig wird. Verschlucken Sie eine patzige Bemerkung, lächeln Sie und sehen Sie dem Kunden in die Augen. Erst danach beantworten Sie bitte seine Frage, seinen Einwand, seine Bemerkung.

Gepflegtes Auftreten

Es ist zwar selbstverständlich, daß wir nicht in Freizeitkleidung oder gar im Trainingsanzug im Verkaufsraum stehen, dennoch gibt es in diesem Punkt häufig Meinungsverschiedenheiten zwischen Chefs und Mitarbeitern.

Sicher ist: unser Auftritt und damit unsere Kleidung prägen entscheidend das Ambiente des Geschäftes. Zu lässiges Aussehen kann mangelnde Seriosität signalisieren, „Overdressing" den Eindruck teuer vermitteln.

Ich habe natürlich nichts dagegen, wenn eine junge Verkäuferin in einem Geschäft, das eine eigene Abteilung „Young Fashion" eingerichtet hat, Jeans trägt. Beim Verkäufer von Juwelenschmuck ist dieses Kleidungsstück dagegen nur selten „passend".

Warum denn in ein Fachgeschäft?

Bevor wir uns nun mit den Kunden befassen, sollten wir uns fragen, warum der Verbraucher in einem Markt, in dem ihm beinahe an jeder Ecke Uhren und Schmuck angeboten werden, in ein Fachgeschäft kommt (oder kommen sollte)?

Uhren sind doch weitgehend problemlos (in Plastikverpackung als Selbstbedienungsartikel zu haben) und auch Schmuck gibt es im Drehständer vor der Drogerie ebenso wie aus den umfangreichen Versandhauskatalogen.

Haben Sie sich (und in Ihrem Unternehmen) einmal die Frage gestellt, Fachgeschäft wozu und warum?

Hier also einige „Pluspunkte":

- Unsere große Auswahl kann die verschiedensten Ansprüche erfüllen.
- Die langjährige Ausbildung und Erfahrung bürgen für qualitätsbewußten Einkauf.
- In unsere eigenen Werkstätten können wir eventuelle Reparaturen schnell und preisgünstig bearbeiten.
- Wir sind immer in Ihrer Nähe – ob es um Kauf oder Service geht.
- Wir stehen persönlich mit unserem guten Namen im Markt.
- Als leistungsfähiges (ältestes, größtes) Fachgeschäft bieten wir Ihnen die führenden Marken.

- Unsere dauerhaften und guten Beziehungen zu unseren Lieferanten garantieren gleichbleibenden Qualitätsstandard und preisgerechte Angebote.
- Ständige Mitarbeiterfortbildung gewährleistet hohen und auch individuellen Beratungsstandard.
- Als bekanntes Fachgeschäft am Ort können wir uns enttäuschte Kunden nicht leisten.

Fügen Sie diese oder ähnliche Sätze nach Möglichkeit in Ihr Verkaufsgespräch ein, um einerseits Ihre Kompetenz als Einkaufsort zu unterstreichen, andererseits dem Kunden aber auch das Gefühl der Sicherheit zu geben für den Fall, daß ...

Die Liste der Vorteile ist sicher nicht vollständig.

Sprechen Sie deshalb mit Chef und Kolleginnen und Kollegen einmal durch, welche besonderen Vorteile Ihr Geschäft außerdem zu bieten hat. Denken Sie z. B. auch an günstigen Parkplatz, Möglichkeit der Auswahlbestellung, Kreditkartenkauf, Eigenanfertigung von Schmuck, Werkstatt für alte Uhren, Spezialitäten (Pokale, Medaillen, Münzen usw.).

Und vergessen Sie in diesem Zusammenhang auch nicht, daß auch die „Umgebung" stimmen muß, soll sich ein Kunde wohlfühlen.

**Und nun prüfen Sie sich bitte für Ihr
Fachgeschäft (der Chef darf mitmachen!),
anhand dieser Checkliste, wo Ihr Standort ist:**

- Wie stark ist unsere Kundennähe ausgeprägt und was können wir zusätzlich noch tun?
- Welche Aspekte des Kundenservice verlangen eine persönliche Note („Human Touch"), welche lassen sich automatisieren?
- Wie sehen unsere typischen Kunden aus und weshalb kommen die möglichen Kunden nicht zu uns?
- Wie ermitteln und messen wir die Zufriedenheit unserer Kunden? Welche Qualitätsstandards gelten für unsere Leistungen?
- Wie können wir Innovation zu unserer täglichen Routine machen?
- Nennen Sie die wichtigsten Neuerungen und Verbesserungen für Ihre Kunden in den letzten 3 Jahren. Wie wurden Sie vom Kunden aufgenommen?
- Wo sind unsere internen Kommunikations- und Energieblockaden? Wie können wir sie erkennen und auflösen?
- Was kann ich persönlich zur Förderung unserer „Nähe", unseres Miteinanders im Unternehmen beitragen?

Das Schaufenster
ist unser erster Verkäufer

Sie haben richtig gelesen. Bevor wir im Geschäft aktiv werden können, hat „Kollege Schaufenster" schon arbeiten müssen. Deshalb und weil in der Praxis ja auch viele Verkaufsmitarbeiter für das Schaufenster mit zuständig sind, einige Anmerkungen:

In den vergangenen Jahren hat sich nicht nur das Kaufverhalten der Konsumenten geändert (wir sprechen im nächsten Kapitel darüber), sondern auch die Funktion und die Bedeutung des Schaufensters.

W. Mauch, der als Chefdekorateur für das bekannte Warenhaus Globus in der Schweiz tätig war, sagte dazu:

„Als eine der schärfsten Konkurrenzen des Schaufensters erwies sich das Fernsehen. Ab Mitte der 60er Jahre begann so etwas wie eine Fernseh-Euphorie. Hand in Hand ging eine erste Welle der Bedarfssättigung. Ebenfalls zur selben Zeit begann die Mobilität des Konsumenten durch die Motorisierung."

Statt Schaufensterbummel gab es die Fahrt ins Grüne, die vom Fernsehen verwöhnten Augen des Kunden nahmen die Schaufenster häufig deshalb nicht wahr, weil in ihnen nichts passierte, die reine Warenpräsentation reichte nicht aus, um Passanten zum Stehenbleiben zu veranlassen.

Viele Einzelhandelsfachgeschäfte haben inzwischen jedoch erkannt, daß mit Warenauslage kein Kunde mehr angezogen wird. Und in erfolgreichen Geschäften wurde „der Deko-Chef zum kreativsten Verkäufer".

Worauf es ankommt, schildert nochmals W. Mauch:

„Vom Standpunkt des Kunden aus gesehen sind oder erscheinen die meisten Angebote als austauschbar.

Je austauschbarer aber die Angebote werden, desto wichtiger wird der Preis (Sonderangebote!).

Mit der Zeit haben jedoch nicht nur die Angebote, sondern auch die Preise die Tendenz sich anzugleichen, also ebenfalls austauschbar zu werden.

Ist dieser Punkt erreicht, kann man das ‚Gesetz der Austauschbarkeit' ausweiten: je austauschbarer Angebote und Preise werden, desto wichtiger wird für den Kunden das Image der Marke.

Nun haben jedoch nicht nur die einzelnen Angebote und Preise, sondern ganze Kauforte (Sortimente, Verkaufsform) die Tendenz sich gegenseitig anzugleichen, also ebenfalls austauschbar zu sein.

Wenn aber, vom Standpunkt des Kunden aus gesehen, auch ganze Kauforte austauschbar werden, gilt auch hier der Grundsatz: je austauschbarer die Kauforte werden, desto wichtiger wird ihr Image."

Sie sehen: wenn wir uns die Frage gestellt haben, warum ein Kunde sich ausgerechnet in unser Fachgeschäft „verlieren" soll, dann ist dies mehr als berechtigt.

Erfolgreiches Verkaufen ist also nicht nur personenabhängig, sondern auch sachbezogen.

Ihre Verkäuferpersönlichkeit kann noch so überragend sein; „macht Kollege Schaufenster den Passanten nicht an", dann erhalten Sie wahrscheinlich nie die Chance, Ihr verkäuferisches Können unter Beweis zu stellen.

Fazit: Nicht nur Sie müssen eine unverwechselbare Persönlichkeit haben (also nicht austauschbar sein), sondern auch Ihr Schaufenster.

Sehen Sie bitte künftig das „Schon - wieder - Dekorieren" nicht als Strafarbeit an, sondern als eine Ihrer wichtigsten Verkaufsvorbereitungen.

10 Testfragen
zu Ihrer Schaufenstergestaltung

1.
Ist die Gestaltung des Schaufensters in Aufbau und Zusammenstellung der angebotenen Ware so abgestimmt, daß das Interesse der Passanten geweckt wird?

2.
Besitzt die Schaufenstergestaltung Fernwirkung? Sorgt ein interessanter Blickfang für Aufmerksamkeitswirkung?

3.
Liegt der Gestaltung eine verkaufsfördernde Idee zugrunde?

4.
Ist das Angebot konsequent auf eine Zielgruppe ausgerichtet?

5.
Stellt die Gestaltung den saisonalen Zeitpunkt deutlich heraus – Farbe, Requisiten?

6.
Ist das Angebot mit anderen – zur gleichen Zeit etwa im Verkaufsraum eingesetzten Werbemitteln abgestimmt?

7.
Ist der informative Teil – Werbeaussage, Slogan – in die Blickrichtung des Betrachters einbezogen? Kennen Sie die Textaussagen?

8.
Erweckt die Auswahl der Produkte den Besitzwunsch des Betrachters? Sind Marken, Material und Qualität marktgerecht im Preis?

9.
Nimmt das Angebot dem Betrachter die Scheu vor dem Betreten des Fachgeschäftes?

10.
Führt die Schaufenstergestaltung schon zum Kaufwunsch?

Für den Verkaufserfolg gibt es keine Erfolgsformel. Es läßt sich eben nicht exakt vorausberechnen, wie ein Kunde sich verhält. Darum ist das erste Gebot: Studium des Menschen und seiner Gefühlswelt. Versuchen Sie grundsätzlich, den Menschen in unserem Kunden zu erkennen und zu ergründen.

Der Kunde, das unbekannte Wesen

Manche Verkaufstrainer sind der Meinung, der Kunde sei deshalb kein König, weil Verkäufer keine Diener seien.

Kunde und Verkäufer sind Partner – so lautet eine andere Lesart.

Nun, in der Wirklichkeit des täglichen Verkaufens stellt sich das Verhältnis zwischen Käufer und Verkäufer meist anders dar.

In vielen Fällen wird der Käufer unausgesprochen oder deutlich mit dem Anspruch auf königliche Bedienung in unserem Geschäft auftreten. Dann heißt es, sich an ein Sprichwort zu erinnern:

„Der Umgang mit Majestäten war noch nie leicht, doch wer sich darauf verstand, wurde reich dabei."

Das hat mit Unterwürfigkeit dann nichts zu tun, wenn wir zunächst die Rolle des Käufers so erkennen:

● Der Käufer ist kein Außenstehender unseres Geschäftes, er ist vielmehr Teil davon.

● Der Käufer ist nicht von uns abhängig, sondern wir von ihm.

● Der Kunde ist der größte Aktivposten unseres Unternehmens.

● Ein Kunde, der falsch kauft, den Kauf bereut oder von uns enttäuscht ist, kann uns mehr Verlust bringen, als nur sich selbst.

Er steht also im Mittelpunkt unseres Handelns, der Kunde, Käufer, Verbraucher, Konsument.

Und er weiß das! Im Zeitalter des Käufermarktes hat er sich zum selbstbewußten, kritischen Marktpartner gewandelt.

Der moderne Konsument will präzise wissen, was er als Produkt- und Dienstleistungszutaten, als Produkt- und Dienstleistungsnutzen vor dem Hintergrund seiner individuellen Interessen erhält.

Wenn er heute konsumiert (kauft), verspricht er sich einen anderen Gewinn als lediglich kundentreu gehandelt zu haben. Seine Kaufentscheidung ist weitgehend entkoppelt von Treue und Pflichtmomenten. Er kauft dort, wo er sich den größten Nutzen verspricht.

Wie wenig dieser neue Verbraucher vor allem in Einzelhandelskreisen bekannt ist, wird deutlich, wenn man fragt: Wie ist der Käufer von heute? Antworten: frech, überheblich, besserwissend, geizig usw.

Nichts davon stimmt! Der „gelernte Verbraucher" weiß mit seinem Geld umzugehen, verfügt häufig über gute Produktkenntnisse (auch in unserer Branche!), ist informiert, kritisch und trifft Kaufentscheidungen ebenso häufig spontan, wie überlegt.

Und gerade dies macht Einordnungen außerordentlich schwierig.

Beurteilte man früher eintretende Kunden nach dem Sprichwort „Kleider machen Leute", so ist dies seit langer Zeit nicht mehr anwendungsfähig.

Auch vom Auftreten allein sind Rückschlüsse auf Kaufkraft oder Kauffreude nur selten möglich.

Wie aber können wir den Kunden, der zum ersten Mal unser Geschäft betritt, „einschätzen", „beurteilen", „einordnen", um unser weiteres „Vorgehen" danach auszurichten?

Das erste Bild, das wir uns in Sekundenschnelle zusammenfügen müssen, kann aus diesen Details bestehen: Sprache, Auftritt, Kleidung, Accessoires.

Aber wie gesagt: aus einem Detail alleine können Sie noch keineswegs ein endgültiges Bild formen.

Leider, muß man sagen, kommen die Kunden, unabhängig von jeder Typologie-Einordnung, nur sehr selten genau in der von Autoren beschriebenen Stimmungslage zu uns ins Geschäft.

Und so kann es auch keine allgemeinverbindlichen „Rezepte" zur „Kundenbehandlung" geben. Das Nutzen und dauernde Üben der im 2. Kapitel beschriebenen Kenntnisse und Fähigkeiten ist die beste Möglichkeit, den „Umgang" mit Kunden zu lernen.

Kennen Sie Ihre Kunden?

Ob in Frankfurt, München oder Wanne-Eickel... Natürlich sind sozio-demographische Merkmale wie Einkommen, Bildung, Wohnortsgröße etc. wichtig zur Bestimmung der Käuferschaft, aber sie ermöglichen zunächst nur eine grobe Klassifizierung. Sie kennen doch Frau Maier, die blonde junge Frau von etwa 28, die neulich den Platinring mit den zwei Diamanten gekauft hat? Sie fährt einen Golf und hat meistens die allerneuesten Modelle der teuren Boutique von gegenüber an. Hand aufs Herz, das ist ja nun eigentlich nicht viel, was Sie wissen. Und wenn nun ein ganz neuer Kunde in Ihren Laden kommt, ein ganz neues Gesicht? Natürlich, sagen Sie, ist kein Kunde wie der andere. Jeder von uns versucht erst einmal, seine Mitmenschen abzuschätzen, einzuordnen. Aber hilft uns das „Schubladendenken" weiter? **Ein fast persönliches Kennenlernen des Konsumenten, seiner Wesensart, der Psychologie seiner Vorstellungen kann uns von Nutzen sein, um unsere Produkte verbrauchergerecht anzubieten.** Die Agentur Lürzer, Conrad & Leo Burnett führt alle vier Jahre eine Lebensstil-Untersuchung durch. Hier werden Zusammenhänge zwischen der Veränderung von Lebensstilen und dem gesellschaftlichen Wertewandel erforscht. Auf der Basis von ca. 2000 Intensivinterviews entsteht ein repräsentatives Bild der deutschen Bevölkerung, das die wesentlichen Lebensstil-Bereiche wie z. B. Freizeitmotive und -aktivitäten, Wohn- und Kleidungsstil, Konsumorientierung ebenso umfaßt, wie psychologische Grundausrichtungen und allgemeine Wertorientierung. **Die Live-Style-Typologie ermöglicht ein besseres Kennenlernen des Verbrauchers, ein Vertrautwerden mit seiner komplexen Persönlichkeit, seinen Einstellungen und Verhaltensweisen.** Das Verhalten des Verbrauchers ist ja im wesentlichen davon bestimmt, wie er sich sieht bzw. gesehen werden möchte.

Das Konsumverhalten des Kunden ist zweifellos Ausdruck seines Lebensstils. **Mit dem Bild Ihres Kunden vor Augen können Sie besser ordern und verkaufen, Ihr Geschäft gestalten und Ihre Verkäufer besser schulen.**

Und nun die schwierige Frage. Was gefällt Ihren Kunden?

Das hängt von vielen Faktoren ab. Reichte es gestern noch aus, die Verbraucher nach Geschlecht, Alter und Einkommen zu bestimmen, so gehört

Typ 1: Gerd/Gerda
Die resignierten Unzufriedenen

Dieser Typ ist geprägt von der Enttäuschung über das Nichterreichte. Er hat sich weitgehend verbittert aus dem sozialen Leben zurückgezogen und begegnet seiner Umwelt mit von Neid und Resignation geprägter Aggressivität.

diese Art der Zielgruppenbestimmung in die Mottenkiste. Überhaupt ist der Begriff Zielgruppe so strapaziert, daß man ihn besser nicht mehr verwendet. Heute redet jeder von Lebenstil-Typen. Live-Style als Zauberwort im dunklen Feld, in das die Marktforschung etwas Licht bringen will.

Die schwierige Frage vom Geschmack Ihrer Kunden und wie sie sich beantworten läßt, hängt immer weniger damit zusammen, wie alt jemand ist und was er verdient, sondern ist viel differenzierter. Heutzutage fährt Ihre Kundin, die ein teures „Outfit" der italienischen und französischen Designer trägt, durchaus einen alten Käfer. Sie ißt heute in den besten und teuersten Restaurants und geht morgen zu McDonalds. Sie kann 25 Jahre alt sein, aber auch 41. Mit anderen Worten, sie ist vielschichtig und schwer faßbar.

In dem Live-Style-Research der Frankfurter Agentur wurden die individuellen Persönlichkeitsbilder zu 11 exemplarischen Typen verdichtet, die wir Ihnen vorstellen wollen. Auf drei werden wir einmal näher eingehen (vgl. Typ 4, 9 und 11).

Typ 2: Andreas/Andrea
Die alternativ orientierten Intellektuellen

Dieser Typ repräsentiert die nicht-autoritäre und alternativ ausgerichtete Bildungsgeneration, die von elementaren Zweifeln an den etablierten Zukunftsperspektiven und einem starken Drang nach persönlicher Selbstverwirklichung geprägt ist.

Typ 3: Erwin
Der autoritäre Arbeiter

Dieser Typ ist geprägt von dem Bestreben nach gesellschaftlicher Konformität: Er steht zu den etablierten Moralprinzipien ebenso wie zu der autoritären Struktur in der Familie.

Typ 4: Alexandra
Die vielseitig interessierte Selbstbewußte

Dieser Frauentyp hat sich aufgrund seiner deutlich überdurchschnittlichen Bildung und einer gewissen materiellen Unabhängigkeit auf selbstverständliche Weise emanzipiert.

Er ist prestigebewußt und luxusorientiert; im Hinblick

auf Mode und Kultur zählt dieser Frauentyp zur Avantgarde.

Demographie

Geschlecht: Männer 7% / Frauen 93%. Alter: 14 bis 39 Jahre. Familienstand: Ledig, fester Partner, verheiratet / 3- bis

4-Personenhaushalte / 1 bis 2 Kinder. Bildung: Mittlerer Abschluß / Abitur / Hochschule. HH-Netto-Einkommen: DM 3000,– und mehr / Schwerpunkt DM 5000,– und mehr.

Lebenswelt

Lebensziele: Erfolgreich sein, hoher Lebensstandard / Status und Prestige / Suche nach Selbstbestätigung und Selbstverwirklichung. Wunsch- und Leitbilder: Intelligenz, kulturelle Bildung, kreative Fähigkeiten / Spontanität, Ungebundenheit, Offenheit.

Freizeit

Motive: Erlebnisorientiert, unkonventionell / Escape. Aktivitäten: Kino, Popkonzerte, Disco, Kneipen / Gespräche, Parties / Tennis, Reiten, Golf, Radfahren / Einkaufsbummel. Leseinteressen: Mode, Kosmetik/Körperpflege, Gesundheit/ Film, Theater, Kunst / Liebe, Erotik. Musikpräferenzen: Pop, Rock / Musicals / Chansons.

Kleidungsstil

Extravagant, elegant / jugendlich, modisch / erotisch, romantisch.

Konsumorientierung

Hat Geld und gibt es gerne aus/ Konsum-Avantgarde, Trendsetterin / Begeisterung für alles Moderne, Aktuelle / Spaß an Luxusgütern.

Typ 5: Wilhelm/Wilhelmine
Die pflichtbewußten Rentner

Dieser Typ ist von dem starren Wertesystem der Vorkriegszeit (Tugendhaftigkeit und Pflichterfüllung) und den Verzichterfahrungen im Krieg und in der Nachkriegszeit geprägt. Er lebt spartanisch und zurückgezogen, findet keinen Zugang mehr zu gesellschaftlichen oder technischen Neuerungen.

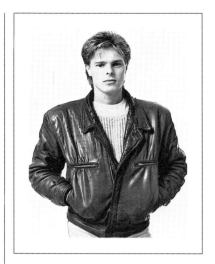

Die Einstellungen und Verhaltensweisen dieses Typs sind geprägt von einer kleinbürgerlichen Grundorientierung und

Typ 6: Toni
Der spontane, gruppenorientierte Jugendliche

Dieser Typ grenzt sich bewußt von der Erwachsenenwelt ab. Seine gesellschaftlichen Bezugspunkte und seine Idole sucht er – je nach Gruppen und Stilausrichtung – unter seinesgleichen.

Typ 7: Monika
Die moderne Angepaßte

Dieser Typ ist die zeitgemäße Ausprägung der klassischen Frauenrolle. Einfache, schulische Ausbildung und frühe Haushaltsführung bedingen eine wenig ausgeprägte eigenständige Persönlichkeit.

Typ 8: Martin/Martina
Die trend- und modebewußten Freizeitorientierten

Für diesen Typ ist die Freizeitgestaltung der wesentlichste Faktor zur Sinnerfüllung des Lebens. Außerhalb beruflicher Zwänge sucht er Lustgewinn und Selbstbestätigung in mannigfaltigen Aktivitäten. Die Auswahl seiner Hobbies ist eindeutig bestimmt durch ihre Aktualität und Prestigeträchtigkeit.

dem beginnenden Rückzug aus einem pflichterfüllten Leben. Neben der Zentrierung auf das eigene Heim, Verzicht auf außerhäusliche Vergnügen, zeigt dieser Typ Interesse an kirchl. Themen, am Schicksal der Mitmenschen.

Demographie

Geschlecht: Männer 10% / Frauen 90%. Alter: 40 Jahre und älter / Schwerpunkt 50—69. Familienstand: Verheiratet, verwitwet / 1- bis 2-Personen-Haushalte. Bildung: Volksschule ohne Lehre / Volksschule mit Lehre. HH-Netto-Einkommen: Keine Schwerpunkte.

Lebenswelt

Lebensziele: Es im Leben zu etwas bringen / erfülltes, harmonisches Privatleben / bleibende Werte schaffen (z.B. eigenes Haus). Wunsch- und Leitbilder: Verantwortungsbewußtsein, Leistungsbereitschaft / geachtete Stellung in der Gesellschaft.

Freizeit

Motive: Keine Schwerpunkte. Aktivitäten: Garten, Pflanzen / Handarbeiten, Kochen und Backen / Wandern, Einkaufsbummel / Illustrierte lesen. Leseinteressen: Kochrezepte / Königshäuser, Menschen und Schicksale/Gesundheit, Natur/ Romane. Musikpräferenzen: Operette, Musical, Folklore / Volksmusik, Unterhaltungsmusik.

Kleidungsstil

Korrekt, zeitlos / will sich nicht jünger machen als sie ist.

Konsumorientierung

Sparsam, aber nicht knauserig/ an guter Qualität, bleibenden Werten interessiert / kauft gerne Geschenke für Kinder, Enkel.

Typ 10: Jochen
Der sportliche, aufgeschlossene Facharbeiter

Dieser Typ zeichnet sich durch seine grundsätzliche positive Einstellung zur Leistungsgesellschaft aus. Er ist bestrebt, seinen Lebensstandard weiter auszubauen; insgesamt ist er eher jugendlich-modern und hat großes Interesse an Sport.

Typ 11: Eberhard
Der selbstbewußte, arrivierte Konservative

Dieser Typ präsentiert den erfolgreichen, sozial anerkannten und von sich selbst überzeugten Bildungsbürger. Vor

dem Hintergrund einer ausgeprägten Bildungs- und Leistungsbereitschaft verfügt er über vielseitige Kenntnisse und Erfahrungen, die mit einer souveränen konservativen Einstellung einhergehen. Neben der intensiven Teilnahme und Anerkennung im öffentlichen Leben ist für ihn ein harmonisches Familienleben von großer Bedeutung.

Demographie

Geschlecht: Männer 83% / Frauen 17%. Alter: 40 bis 59 Jahre. Familienstand: Verheiratet / 4- bis 6-Personen-Haushalte / 2 und mehr Kinder. Bildung: Mittlerer Abschluß / Abitur, Hochschule. HH-Netto-Einkommen: DM 3000,– und mehr.

Lebenswelt

Lebensziele: Anerkannte Stellung in der Gesellschaft / harmonisches Familienleben / Teilnahme am gesellschaftlichen und kulturellen Leben. Wunsch- und Leitbilder: Eigenständigkeit, Persönlichkeit, Charakter.

Freizeit
Motive: Erholung. Aktivitäten: Theater, Konzert / Garten, Heimwerken / Auto / Fotografieren. Leseinteressen: Kultur, Politik, Bildung / Wirtschaft, Geld / Technik. Musikpräferenzen: Klassik / Oper, Operette.

Kleidungsstil
Dezent, korrekt / gegen alles Grelle, Poppige.

Konsumorientierung
Eher sparsam / gegen Verschwendung / hohe Qualitätsansprüche / Marktorientierung.

Aus den bisher gewonnenen Erkenntnissen wollen wir nun die beispielhaft beschriebenen Kundentypen in zwei Gruppen einteilen: in die aktiven und die passiven Kunden.

Natürlich kommen auch diese Typen in der Praxis nicht unbedingt „rein" vor.

Wenn wir aber einige wesentliche Grundzüge, Verhaltensweisen oder andere Charakteristika kennen, wird es uns, nach einiger Verkaufspraxis, sicher nicht schwerfallen, uns kundengerecht zu verhalten.

Versuchen Sie, in den nächsten Verkaufsgesprächen darauf zu achten, in welche der folgenden Gruppen Ihre Kunden gehören, inwieweit sie das typische Verhalten zeigten und mit welchem Erfolg Sie die empfohlene Strategie anwenden konnten.

Die Kunden und wir

Merksätze zur Problemerfassung

1.
Versuchen Sie, den Standpunkt Ihres Kunden zu verstehen. Lernen Sie, die Dinge mit seinen Augen zu sehen.

2.
Je stärker Sie sich auf den Kunden einstellen, desto größer ist die Chance zum Erfolg.

3.
Geschicktes Fragen ist die Voraussetzung für den „Problemlösungsverkauf".

4.
Wer fragt, der führt.

5.
Problem erkennen – Lösung verkaufen.

6.
Reden Sie nur von Vorteilen, die sich für Ihren Kunden ergeben.

7.
Reden Sie von ihm und über ihn.

8.
Verwenden Sie die „Sie-Projektion".

9.
Achten Sie auf Kaufsignale. Sie zeigen Ihnen Kaufinteresse und Abschlußbereitschaft an.

Der „aktive" Kunde

Typ: 2, 4, 6, 8, 10 und 11

Er ist aufgeklärt, informiert, interessiert, kann auch rechthaberisch sein. Seine Dynamik ist häufig vordergründig und soll Schwäche überspielen.

Das typische Verhalten: fragt viel, redet viel, ist selbstsicher, aggressiv oder überheblich.

Unsere Strategie:

Ruhig bleiben und das Gespräch (auch mit Hilfe von Ware) steuern.

Interessen ansprechen: Hobby, Erfahrungen, Reisen.

Eitelkeit (subjektiver Kaufgrund!) **ansprechen:** Mit dieser Uhr beweisen Sie Ihre Geschmackssicherheit! Um diese Uhr wird man Sie sicher beneiden!

Alternativfragen stellen: „Legen Sie mehr Wert auf ... oder ...?" „Bevorzugen Sie ... oder ...?"

Nicht direkt widersprechen: „Das könnte man tatsächlich auch so sehen..." „Das ist eine interessante Betrachtungsweise, aber..."

Wert für die Person und Geltung in die Mitwelt herausstellen: „Unterstreicht Ihre Persönlichkeit!" „Ich bin sicher, man wird Sie bewundern!" „Mit diesem Geschenk machen Sie Ihrer Frau eine besonders große Freude!"

Der „passive" Kunde

Typ: 1, 3, 5, 7 und 9

Er kann wortkarg, mißtrauisch, unentschlossen, zurückhaltend sein. Viele „Mußkäufer" finden sich in dieser Gruppe.

Das typische Verhalten: unsicher, empfindlich, schweigsam, gehemmt.

Unsere Strategie:

Das Gespräch führen:
Ware in die Hand des Kunden geben.

Mut machen:
„Mit dieser Uhr haben Sie eine gute Wahl getroffen!"
„Dieser Ring wird Ihrer Frau sicher gefallen!"

Zeit lassen:
„Vergleichen Sie bitte ruhig noch einmal die beiden Modelle."

Wert der Sache beweisen:
„Darf ich Ihnen die Qualitätsmerkmale dieser Uhr ausführlich erläutern..."
„Material und Verarbeitungsqualität sind..."

Suggestivfragen stellen:
„Könnte es sein, daß..." „Glauben Sie nicht, daß..."

Widerspruch herauslocken: „Haben Sie nicht auch schon die Erfahrung gemacht,...."
„Sie könnten nun dagegen einwenden,..."

Wert und Bedeutung des Erzeugnisses an sich herausstellen: „Eine Uhr, in der sich hohe formale Gestaltungsqualität und meisterhafte Technik vereinen."

Es mag Sie – und wahrscheinlich vor allem Ihre „Chefs" in Erstaunen versetzen, daß wir uns in diesem Buch so ausführlich mit dem Thema Kunden befassen.

Nun: in dem bemerkenswerten Buch „Leistung aus Leidenschaft" von Thomas J. Peters und Nancy Austin ist dazu zu lesen:

„Es gibt zwei Faktoren, mit denen sich strategische Vorteile erringen und stabilisieren lassen. Das erste ist das leidenschaftliche ‚Dranbleiben' am Kunden – am Kunden, nicht am Markt, nicht am Marketing, nicht an der strategischen Positionierung, was auch immer das heißt, nur am Kunden. Ein Markt hat noch nie eine Rechnung bezahlt. Kunden jedoch tun's."

Daran sollten wir denken!

Bevor wir uns nun mit einem weiteren, sehr wichtigen Thema befassen, sollten wir die vorangegangenen Aussagen, Behauptungen, Meinungen und Tatsachen zusammenfügen:

In all unseren Betrachtungen haben wir den Kunden, den Menschen, in den Mittelpunkt gestellt.

Auch wir selbst haben uns nicht als Verkaufsroboter gesehen, sondern als menschliches Wesen, das nicht frei ist von Schwächen.

Ich habe den berechtigten Eindruck, daß ein wiederholtes Verweisen auf diese Thematik sehr wichtig ist:

Allzuoft begegnen wir in Äußerungen über Kunden einer „schlecht verhüllten Verachtung".

Da heißt es dann „diese blöde Kundin" oder „dieser doofe Kerl" usw.

Wer mit einer Grundeinstellung antritt, daß alle Kunden uns nur ärgern wollen (indem sie z. B. Fragen stellen), wird kaum erfolgreich sein. Vor allem schon deshalb nicht, weil diese seine Einstellung auf das Verkaufsgespräch „durchschlägt" – in der Stimmung.

Nehmen Sie sich also vor, jeden Tag zumindest einem Kunden gegenüber außergewöhnlich höflich zu sein.

Überzeugen Sie Ihre Kolleginnen und Kollegen, dies auch zu tun.

Sie werden damit Aufsehen erregen, denn unter Ihren Kunden wird es sich herumsprechen.

Und nun denken Sie einmal nach, wie häufig es Ihnen beim Einkaufen passiert ist, unhöflich „behandelt" worden zu sein.

Haben Sie sich in einem Geschäft, in dem Ihnen höflich begegnet wurde, nicht wie in einer „Oase" gefühlt?

Nehmen Sie also neben Ihrem selbstverständlichen Fachwissen, Ihrer Menschenkenntnis und Ihrem persönlichen Charme vor allem viel Höflichkeit – dann haben Sie den Grundstoff, aus dem erfolgreiche Verkäuferinnen und Verkäufer gemacht sind.

Die Höflichkeit ist eigentlich weiter nichts als ein vorsichtiges Bestreben, gegen niemand Verachtung und Geringschätzung im Umgang zu zeigen.

(John Locke, engl. Philosoph)

Treffen aktiver Typ (links) und passiver Typ (rechts) zusammen, so kann es zu nicht vorhersehbaren Reaktionen kommen ...

Nicht das Warenlager oder das Geschäft an sich ist das wichtigste Kapitel beim Verkaufen, sondern die Sprache. Versuchen Sie, immer mehr Verständnis für die Feinheiten des Ausdrucks zu bekommen. Hören Sie sich ruhig einmal selbst zu – und natürlich auch anderen Verkaufenden – und Sie wissen, was gemeint ist. Keine Ware verkauft sich von selbst – immer steht der Mensch dahinter – und der vermittelt durch seine Rede mehr als nur die Beschreibung des Gegenstandes. Zwischen dem erfolgreichen Verkäufer und seinem mittelmäßigen Kollegen ist nur ein geringer Unterschied – nämlich das Gefühl für das richtige Wort zum richtigen Zeitpunkt. Üben Sie sich laufend in der Feinheit des sprachlichen Ausdrucks – Sie brauchen diese Feinheiten für Ihre Argumente.

Denken Sie daran: Verkaufen ist eine Handlung zwischen Menschen. Wir erreichen den Menschen, den ganzen Menschen, in seiner Empfindungs- und Gefühlswelt nur über die Sprache, die wir sprechen. Die Sprache ist also das stärkste Band von Mensch zu Mensch.

Die Sprache im Verkaufsgespräch

Erfolgreiche Verkäufer und Verkäuferinnen zeichnen sich durch die Fähigkeit aus, mit anderen Menschen sprechen zu können. Nicht reden oder erklären oder überreden, sondern sprechen.

In seinem lesenswerten Buch „Wörter machen Leute" schreibt Wolf Schneider u. a.:

- Sprache
  löst Handlungen aus
- Sprache
  steuert das Handeln
- Sprache
  erleichtert das Handeln
- Sprache
  begleitet das Handeln
- Sprache
  ersetzt das Handeln
- Sprache ist das Handeln

Ein mächtiges Instrument also, die Sprache. Es virtuos spielen zu lernen, ist nicht Aufgabe dieses Buches. Wir wollen in diesem Abschnitt aber versuchen, die Wichtigkeit zu verdeutlichen.

Zunächst: Bemühen Sie sich, deutlich zu sprechen, verschlucken Sie keine Wortendungen, vermeiden Sie nichtssagende Worte.

Erweitern Sie Ihren Wortschatz und versuchen Sie vor allem, das richtige Wort zu finden.

Denn: die deutsche Schriftsprache kennt viele Worte, die in der Umgangssprache häufig gegeneinander ausgetauscht

werden, ohne dabei zu bedenken, daß ja nur ein Wort begrifflich zutreffend sein kann.

Beispiel:

„Er hat die Arbeit schnell erledigt."

Das Wort „schnell" kann bedeuten:

Er hat die Arbeit **zügig** erledigt.

Er hat die Arbeit **sofort** erledigt.

Er hat die Arbeit **flüchtig** erledigt.

Die drei möglichen Bedeutungen des Wortes „schnell" geben dem Satz also drei sehr unterschiedliche Aussagen.

Im Umgang mit dem Instrument Sprache ist während der Verkaufsgespräche sehr oft eine nur unzulängliche Handhabung zu beobachten. Gedankenlosigkeit, Unsicherheit oder mangelnder Sprachschatz?

Urteilen Sie selbst:
Die Worte allerdings
    ausgezeichnet
    gut
    besonders
    billig
    bekannt
    praktisch
    interessant
    modern
    schön
    teuer
gehören zu jenen, die während der Verkaufsgespräche am häufigsten benutzt werden. Und in

der Beschreibung der einzelnen Uhren oder Schmuckstücke reichen die Aussagen von „schön" über „sehr schön" bis zu „besonders schön".

Testen Sie sich. Wann haben Sie zuletzt ähnliche Sätze gesprochen:

„Diese Uhr besitzt ein ausgezeichnetes Werk."

„Das Band ist besonders harmonisch gearbeitet."

„Beachten Sie die interessante Zifferblattgestaltung."

Genauer und für den Kunden verständlicher (damit aber auch überzeugender) sind Aussagen wie:

„Das Werk dieser Uhr ist uns als erprobte und zuverlässige Konstruktion bekannt."

„Bemerkenswert an diesem Armband ist die Harmonie der plastischen Oberflächengestaltung."

„Beachten Sie die ungewöhnlich klare und damit sehr gut ablesbare Zifferblattgestaltung dieser Uhr."

In den oben aufgeführten zehn häufig benutzten Worten verbergen sich vier „Füllworte", die, werden sie allein verwendet, für Verkaufsgespräche durchaus entbehrlich sind:

bekannt – besonders – gut – interessant

Wenn Sie das Wort „bekannt" verwenden, setzen Sie voraus, daß auch der Käufer über die verschiedenen Uhrenmarken orientiert ist oder, schlimmer noch, Sie geben ihm damit zu erkennen, wie wenig er weiß. Im Uhrenbereich könnte, durch die intensivere Namenswerbung der Hersteller, die eine oder andere große Marke dem Kunden durchaus bekannt sein, im Schmuckbereich dagegen läßt sich mit diesem Wort nicht argumentieren. Wenn bekannt, dann bitte erläutern – uns – als...

„Interessant" ist ein Verlegenheitswort, das wir immer dann anwenden, wenn uns das passende Wort fehlt oder nicht einfällt.

„Besonders" und **„gut"** sagen wir meist, wenn wir Unterschiede in Form und Preis erläutern sollen. Ein Schmuckstück ist „hübsch", das andere „besonders apart". Oder das Armband hat eine „gute" Paßform.

Haben Sie bemerkt: wenn wir Worte, die wir täglich gedankenlos verwenden, alleinstellen und ihren Sinngehalt kritischer untersuchen, dann erst wird deutlich, wie aussageschwach sie sind.

Die treffende Wortwahl im Verkaufsgespräch ist gewissermaßen „Geheimwaffe" erfolgreicher Verkäufer, denn:

● die Produkterläuterung und -beschreibung ist verständlich und überzeugend;

● sie schließt Fragen des Käufers häufig aus oder vermindert sie;

● das Verkaufsgespräch wird kürzer.

Für die so häufig benutzten Worte ausgezeichnet – praktisch – modern – schön finden Sie einige zutreffendere Beschreibungsworte in der folgenden Zusammenstellung:

ausgezeichnet	**praktisch**
außerordentlich	gebrauchstüchtig
erprobt	handgerecht
beispielhaft	handlich
bewährt	nützlich
hervorragend	passend
bemerkenswert	rationell
unvergleichlich	sinnvoll
ungewöhnlich	sicher
mustergültig	wirtschaftlich
vorzüglich	zweckmäßig

modern	**schön**
en vogue	ausgewogen
fortschrittlich	ebenmäßig
im Trend	erlesen
nach der Mode	entzückend
neu	formvollendet
neuartig	kostbar
modisch	reizvoll
zeitnah	geschmackvoll
neuzeitlich	strahlend
zeitgemäß	zauberhaft

Sie können Ihren Wortschatz erweitern und gleichzeitig die richtige und treffende Wortwahl üben, wenn Sie sich aus Ihrem Sortiment eine Uhr oder ein Schmuckstück nehmen und versuchen, aus der Worttafel oben das passende beschreibende Wort zu finden.

Nach diesem und vor dem nächsten Abschnitt ist aber vielleicht noch eine Bemerkung wichtig:

Ihr Gegenüber, der Kunde, muß Ihre Sprache natürlich verstehen können: je höher Ihr Sprachniveau, desto höher muß auch das Bildungsniveau ihres Partners sein. Und je volkstümlicher der Umgangston in Ihrem Geschäft, in Ihrer Region, desto mehr Dialektklang können sie anwenden. In diesem Sinne sollten Sie das hier geschriebene Hochdeutsch übersetzen, denn: Sprache kann ebenso Merkmal des Zusammengehörigkeitsgefühls sein, wie des Fremdseins.

An einigen Beispielen soll verdeutlicht werden, wie Sie aus dem Wörterkasten beschreibende Sätze bilden können:

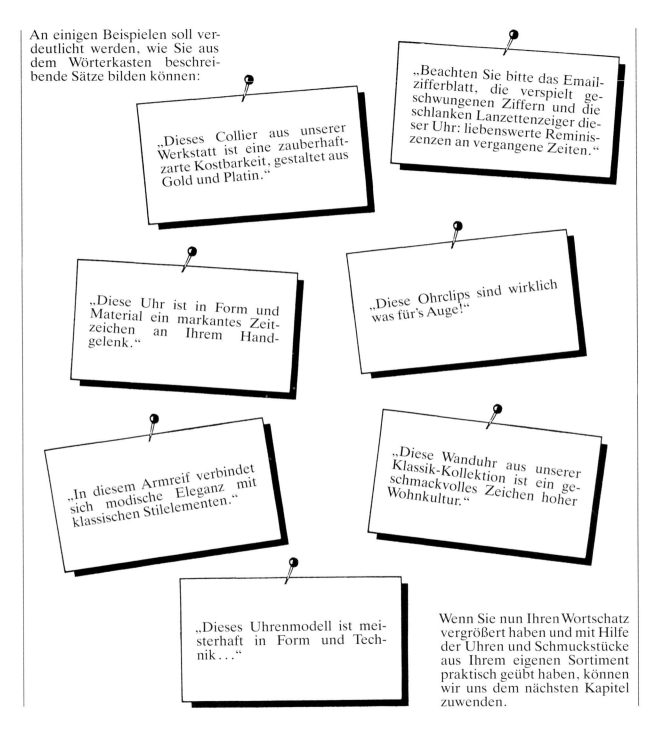

„Dieses Collier aus unserer Werkstatt ist eine zauberhaft-zarte Kostbarkeit, gestaltet aus Gold und Platin."

„Beachten Sie bitte das Emailzifferblatt, die verspielt geschwungenen Ziffern und die schlanken Lanzettenzeiger dieser Uhr: liebenswerte Reminiszenzen an vergangene Zeiten."

„Diese Uhr ist in Form und Material ein markantes Zeitzeichen an Ihrem Handgelenk."

„Diese Ohrclips sind wirklich was für's Auge!"

„In diesem Armreif verbindet sich modische Eleganz mit klassischen Stilelementen."

„Diese Wanduhr aus unserer Klassik-Kollektion ist ein geschmackvolles Zeichen hoher Wohnkultur."

„Dieses Uhrenmodell ist meisterhaft in Form und Technik …"

Wenn Sie nun Ihren Wortschatz vergrößert haben und mit Hilfe der Uhren und Schmuckstücke aus Ihrem eigenen Sortiment praktisch geübt haben, können wir uns dem nächsten Kapitel zuwenden.

Wenn die Ladentüre klingelt...

Natürlich kann es auch ein dezenter Gong sein oder ein raffiniertes Glockenspiel, die uns signalisieren: ein Kunde kommt.

Ein altes chinesisches Sprichwort sagt, daß derjenige, der nicht lächeln kann, seinen Laden gar nicht erst öffnen sollte.

Also: auch wenn Ihnen eben erst ein Federsteg weggespritzt ist oder der vorhergehende Kunde Ihnen schon am Nervenkostüm riß, lächeln Sie. Sie zeigen damit dem Eintretenden, daß er willkommen ist, daß Sie sich über sein Kommen freuen, daß er Ihnen sympathisch ist (zumindest für diesen Augenblick).

Für den Kunden ist dieses „Sichwohlfühlen" besonders dann wichtig, wenn er, wie das ja vor allem von unserer Branche behauptet wird, unter „Schwellenangst" leidet.

Und auch dies ist wichtig: wenn immer es möglich ist, gehen Sie dem Kunden einen Schritt entgegen. Bleiben Sie bitte nicht „hinter der Theke" stehen. Für mich signalisiert eine Verkäuferin, die, vielleicht auch noch mit beiden Armen auf den Tisch gestützt, hinter einer Barriere steht: bis hierher und nicht weiter!

Nach dem der Tageszeit entsprechenden Gruß beginnt dann schon die Eröffnungsphase, die gar nicht so kompliziert ist, wie manchmal behauptet wird.

Häufig macht ja der Kunde schon den ersten Zug in der Partie, wenn er sagt

- „Ich suche..."
- „Haben Sie..."
- „Ich interessiere mich..."
- „Im Schaufenster haben Sie..."
- „Da war ein Prospekt..."

Wenn das nicht der Fall ist, beginnen Sie bitte mit einfachen, unkomplizierten Fragen wie:

- „Was kann ich für Sie tun?"
- „Wie kann ich Ihnen behilflich sein?"
- „Was darf ich Ihnen zeigen?"

Nicht gut sind diese Fragen:

„Womit kann ich Ihnen dienen?" – Unterwürfigkeit macht den Kunden mißtrauisch.

„Was darf es sein?" – Das unpersönliche ES signalisiert Interesselosigkeit.

„Haben Sie einen besonderen Wunsch?" – Hat er natürlich, sonst wäre er nicht bei uns.

Nach dieser „Begrüßungszeremonie", die durchaus Merkmale dessen tragen sollte, was man mit dem Begriff „Empfangen" verbindet (der Empfangende geht dem Eintretenden entgegen, er sucht Blickkontakt zu ihm), sollten Sie dem Kunden einen Sitzplatz anbieten.

Denn: wenn Käufer und Verkäufer sitzen, so ergibt sich eine ruhige, gelassene und entspannte Atmosphäre, in der sich ein persönlicher Kontakt leicht herstellen läßt. Außerdem: aus einer sitzenden Stellung fällt dem Käufer ein Rückzug nicht so leicht, wie aus einer stehenden.

Achten Sie aber bitte darauf, daß Sie sich nach Möglichkeit schräg gegenübersitzen und nicht frontal, da dies eine „Kampfeshaltung" symbolisiert.

Weiterer Vorteil des Sitzverkaufes ist: Sie können leichter Augenkontakt behalten als beim Stehverkauf, wo der Kopf tiefer zur Ware gesenkt werden muß.

Und schließlich, aus Sicht eines Kunden: „Wenn ich, nachdem ich das Auto in der Tiefgarage abgestellt habe und fünf Minuten durch die Fußgängerzone lief, zehn bis fünfzehn Minuten bei Ihnen herumstehen muß, um dreihundert oder gar achthundert Mark ausgeben zu dürfen, dann hat das mit Dienst am Kunden nicht mehr viel zu tun."

Deshalb: der Stehverkauf ist nur noch dort erlaubt, wo es um problemlose, nicht erklärungsbedürftige Ware geht, Mitnahmeartikel etwa. Auch die Annahme von Schnell-Reparaturen, soweit sie nicht einer ausführlichen fachmännischen Erläuterung bedarf, kann im Stehen erfolgen.

Nach diesen grundsätzlichen und allgemeinen Anmerkungen zur „Begrüßungszeremonie" nun noch einige weitere Überlegungen:

Die Kunden mit ihren Namen ansprechen zu können, ist natürlich deshalb vorteilhaft, weil sich damit ein besonderes Vertrauensverhältnis einerseits und eine aus Kundensicht hohe Wertschätzung andererseits ergibt.

Natürlich wissen Sie von neuen Kunden nicht den Namen, aber schon nach wenigen Begrüßungssätzen, etwa wenn Sie die erste Ware auf den Tisch legen, können Sie an den Namen kommen:

Sie sagen zu dem Kunden:

„Wenn ich Ihnen diese Uhr zeige, dann könnten Sie fragen, ist das Modell nicht zu modisch, Herr (Ihr Name!)? Nun, dann würde ich antworten, keineswegs Frau . . .“

Sie glauben gar nicht, wie häufig Kunden ganz unvermittelt ihren Namen „raussprudeln“.

Eine weitere Möglichkeit, mehr persönliche Beziehungen in das Verkaufsgespräch zu bringen, ist das Überreichen von Visitenkarten.

Glauben Sie bitte nicht, daß dies eine für Ihr Geschäft zu hochgestochene Angelegenheit sei (wir machen dies ja nicht bei jedem Kunden!).

Wenn es aber um höherwertige Produkte geht, der Kunde (oder die Kunden) Platz genommen haben, überreichen Sie eine Visitenkarte, die Ihren Namen (Vorderseite: Firmen-Logo), z. B. „Claudia Diemann – Fachberaterin für Uhren + Schmuck“ trägt und fügen hinzu:

„Darf ich mich zunächst vorstellen?“

Natürlich werden einige Kunden die Karte mit einem gemurmelten Dankeschön nehmen und zur Seite legen, andere werden Sie erstaunt ansehen (und nicht selten ihren Namen nennen), wieder andere werden höchstens „Hhmm“ machen und verlegen zur Seite gucken.

Dies sollte Sie aber nicht stören. Sie haben einen guten Eröffnungszug getan, der Ihnen unter Umständen im Verlauf des Gespräches noch gute Dienste tun kann – und sei es nur, weil damit die „Stimmung“ verbessert wurde.

Abgesehen davon haben Sie mit der Überreichung Ihrer Karte nicht selten schon ein folgendes Verkaufsgespräch vorbereitet: in den meisten Fällen wird die Karte eingesteckt und dient (vor allem, wenn dieses Gespräch gut war) als Erinnerung für Folgekäufe.

Um auch an dieser Stelle einigen Killer-Argumenten aus den Chefetagen (Das geht bei uns nicht – Visitenkarten für Verkäuferinnen nicht bei uns! – Was das wieder kostet! – Das bringt doch nichts! – Spinnerei!) zu begegnen:

Wenn wir unseren Kunden nicht auch z. B. mit derartigen Gesten zeigen, daß wir uns um persönliche Atmosphäre bemühen, wenn wir den Sitzverkauf ablehnen, weil wir angeblich keinen Platz haben oder die Kunden zu lange im Geschäft „herumhocken“, wenn frische Blumen zu teuer und eine Klimaanlage zu aufwendig sind, dann freilich sollte man ein Schild an die Ladentüre nageln mit diesem Text:

„Bitte nach Aufforderung einzeln eintreten, Produktnummer nennen und Geld abgezählt bereithalten.“

Ich schließe gar nicht aus, daß dieses „System“ hie und da für einige Zeit als Kuriosität funktionieren würde, nur – ist eine derartige Einstellung fachgeschäfts-like?

Kaufmotive – Käuferwünsche

Es ist sehr wahrscheinlich, daß Sie in einem Ratgeber zum Thema „Verkaufen" überwiegend „technische" Hinweise erwarten. Tips also, die Rechenformeln gleichen: sind sie bekannt, so ist das Lösen der Aufgabe kein Problem mehr.

Nun haben wir es im Verkauf ja keineswegs mit abstrakten Zahlen zu tun, sondern mit Menschen, deren Verhaltensweisen sich kaum oder nur sehr schwer bestimmen oder gar festlegen lassen.

Je mehr wir aber von diesen Menschen wissen, je besser wir ihre Gefühle und Motive kennen, die sie zu einer bestimmten Handlung hinsteuern, desto leichter werden wir mit diesen Menschen in Kontakt treten können.

Wir wollen hier nun nicht die lange Reihe der sogenannten Bedürfnispyramiden verlängern, sondern uns ganz mit einigen Kaufgründen (Kaufmotiven) beschäftigen.

Was wir wirklich verkaufen

Wenn wir also ein Produkt verkaufen wollen, müssen wir wissen, welchen Zwecken es dient, warum es gekauft werden soll. Wir müssen uns also in die Lage des Käufers versetzen, seine Situation kennen, die Motive erkennen, die ihn zum Kauf führen.

Erfolgreich verkaufen würde also voraussetzen, die geheimsten Wünsche des Verbrauchers zu erahnen oder zu erkennen und zur Erfüllung die richtigen Produkte anzubieten.

Was aber kann man erkennen, was nur erahnen?

Der Begründer moderner Motivforschung, Ernest Dichter, schreibt: „Jedes Mal, wenn wir einkaufen gehen, tun wir es in Wirklichkeit, um uns zu beweisen, daß wir die Macht haben, unsere geheimsten Wünsche durch die Wahl einer bestimmten Warenart zum Ausdruck zu bringen."

So ist für Dichter Kaufen ein „schöpferischer Akt" und keineswegs nur Deckung des Bedarfs.

„Für den Werbungstreibenden", so Dichter weiter, „ist es von höchster Wichtigkeit, daß er sich dieser Tatsache bewußt ist. Er muß in seinen unterschiedlichen Angebotsmöglichkeiten dem Gefühl des Käufers Raum lassen, er habe trotz allem durch eigene Klugheit, Phantasie und schöpferische Fähigkeit die Wahl frei entschieden."

Statt des Wortes „Werbungstreibender" können wir ruhig Verkäufer sagen.

Festzuhalten ist daraus: wenn wir nicht in der Lage sind, Kundenträume sowohl voraus- als auch mitzuträumen, wird es uns unmöglich sein, unseren Kunden den erwähnten „Raum" zu lassen.

Denken Sie an dieser Stelle bitte einmal nach: wann haben Sie sich zuletzt ein Kleid, einen Anzug, ein Paar Schuhe, ein Parfum oder Rasierwasser (eigentlich heißt es heute ja „After Shave"!) gekauft? Und warum? War es wirklich notwendig? Zu diesem Zeitpunkt und zu dem Preis? Wo haben Sie gekauft? Und warum dort?

Ich möchte in diesem Zusammenhang nochmals Dichter zitieren:

„... Wer kennt sie nicht, diese unruhigen Momente, wenn man nach einem Kauf eines Kleides oder Hutes – handelt es sich um einen Mann, kann es sogar die Kleinigkeit einer Krawatte sein – das Ergebnis der Wahl dem kritischen Auge der Familie vorführt?

- „Du hast aber wirklich einen guten Geschmack!"
- „Wo hast Du das nur aufgetrieben?"
- „Mein Gott, ist das süß!"

All diese Reaktionen drücken in Wirklichkeit nur Bewunderung für den Käufer aus, es sind Komplimente für seine schöpferischen Fähigkeiten..."

Aber eben diese Fähigkeiten muß er bei uns und mit uns entwickeln können.

Wir wollen uns deshalb zunächst überlegen, warum wir überhaupt kaufen, erwerben, begehren, wollen oder wünschen:

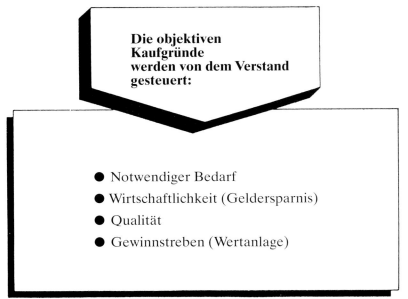

Die objektiven Kaufgründe werden von dem Verstand gesteuert:

- Notwendiger Bedarf
- Wirtschaftlichkeit (Geldersparnis)
- Qualität
- Gewinnstreben (Wertanlage)

In den Verkaufsgesprächen ist vor allem Sachlichkeit gefordert. Genaue Produktnutzenbeschreibung ist ebenso wichtig, wie glaubhafte Preis-Leistungs-Argumentation.

Die subjektiven Kaufgründe werden von dem Gefühl gesteuert:

- Prestige
- Besitztrieb (Habenwollen)
- Freude (Romantik, Spiel)
- Abwechslung, Genuß
- Sicherheit
- Schönheitsverlangen
- Nachahmung

In diesen Verkaufsgesprächen steht die Person des Käufers (oder Beschenkten) im Vordergrund. Stichworte hierzu sind: exklusiv, individuell, unvergleichlich usw.

Bevor wir uns nun mit Verkaufstechniken und -taktiken näher beschäftigen, müssen wir wissen, was wir eigentlich verkaufen.

Armbanduhren wurden und werden als notwendige, übliche und selbstverständliche Zeitmeßgeräte angeboten und verkauft. „Man braucht eben eine Armbanduhr" – unter diesem Motto etwa findet die Bedarfsdeckung statt.

Ist die Armbanduhr tatsächlich lediglich ein Zeitanzeigeinstrument? Ist sie traditionelles Utensil am Handgelenk? Und werden neue Uhren nur als Zeitmeßgeräte gekauft? Oder haben Armbanduhren einen weitergehenden Nutzen, der als Motivation zu beachten wäre?

Um diese Fragen zu beantworten, müssen wir einen kleinen Ausflug in die Geschichte der Zeitmessung unternehmen und dabei vor allem auf sich ändernde Trägerkreise achten.

Die Zeit messen und besitzen

Das menschliche Leben wird seit Anbeginn vom steten Wechsel Tag – Nacht geprägt. Monate vergehen, Jahreszeiten ziehen vorüber. Durch nichts vermag und vermochte der Mensch diesen Wechsel aufzuhalten oder zu verändern.

Als er aber, schon vor Jahrtausenden, entdeckte, daß dieser Wechsel eine gewisse Ebenmäßigkeit innewohnt, begann er die Gleichheit zu untersuchen.

Er sammelte seine Ergebnisse, verglich sie – und maß die Zeit.

Kaufmotive für Armbanduhren

Er nahm die Gestirne zu seinen Gehilfen, teilte die Zeit in Jahre, Monate und Tage und wurde so zum „Beherrscher" von Tag und Nacht.

Ohnmächtig, den Rhythmus der Natur zu ändern, maß er ihn – zwang ihn in seine Fesseln und gab ihm Namen.

Von den Anfängen der Zeitmessung bis hinein in die Gegenwart ist die Beherrschung der Natur mit Hilfe der genauen Zeit ein Motiv für den Besitz einer Uhr. Früher freilich war dieses Motiv stärker im Bewußtsein und Hauptmotiv.

Als die Uhr industriell in großen Massen gefertigt werden konnte, als jedermann die „Zeit am Handgelenk" tragen konnte, waren Macht und Reichtum allein keine Kaufmotive mehr.

Denn: die ersten Uhren galten als Wunderwerke, als Kostbarkeiten und waren Kaisern, Königen und Reichen vorbehalten.

Aus dieser Zeit etwa stammt das Wort: „Pünktlichkeit ist die Höflichkeit der Könige." Und da nur diese „die Zeit besaßen", fiel es ihnen nicht schwer, höflich zu sein.

In der Gegenwart des technischen Zeitalters einerseits und der Massengesellschaft andererseits sind für den Uhrenkauf weitere Motive hinzugekommen.

Frage also: Was nützt uns heute eine Uhr?

Wer ein Produkt erwirbt, will es nutzen, benutzen. Es muß zu irgend etwas nützlich sein.

Selbst Dinge, die wir zunächst als nutzlos bezeichnen, können einen Nutzen haben: etwa ein Autowrack, es hat Schrottnutzen. Eine defekte Uhr – hier liegt ein Nutzen beim Uhrmacher, der sie instandsetzt.

Der Produktnutzen neuer Uhren ist zweigeteilt: in Funktionsnutzen und Geltungsnutzen.

Was ist darunter zu verstehen?

Funktionsnutzen der Uhren

Die ihr eigene Funktion ist die Zeitanzeige, die Zeitmessung. In der technischen, von ineinandergreifenden Prozessen abhängigen Arbeitswelt der Gegenwart ist ein Ignorieren von Zeit nicht möglich. In Beruf und Freizeit müssen wir Zeitabläufe beachten, mit und in der Zeit leben.

Zeit jedoch ist nicht reproduzierbar. Ein Zeitpunkt, den wir verpaßt haben, ist unwiederbringlich. Unsere Bewegung in dieser von Zeitbegriffen bestimmten Umwelt ist nur dann gesellschaftskonform, und damit sicher gegenüber dieser Umwelt, wenn wir deren Zeit besitzen und uns in dieser Zeitvorstellung bewegen.

Ein Leben ohne Anpassung an diese Zeitabläufe würde ein Leben gegen die Umwelt sein und zu Konflikten führen.

Aus dem Funktionsnutzen der Uhr, die Zeit zu messen und zu zeigen, folgt also der Grundnutzen: die Zeitsicherheit und die damit dem Uhrenträger gegebene Sicherheit in der Umwelt.

Der Grad der Sicherheit ist jedoch abhängig von dem Grad des technologischen Standards des Produktes. Hoher Standard in der Fertigungstechnik gewährleistet hohen Sicherheitsgrad und damit hohen Funktionsnutzen.

Wer also eine Uhr wegen ihres ursprünglichen Funktionsnutzens (Grundnutzen) erwirbt, wird hohe Ansprüche an Konstruktion, Technik und Fertigung stellen.

Dieses Kaufmotiv kommt während eines Verkaufsgespräches verhältnismäßig deutlich zum Vorschein, wenn der Käufer z. B. eine „normale, einfache Uhr" wünscht.

Geltungsnutzen der Uhren

Armbanduhren (aber auch Großuhren) sind in der Vorstellung der Käufer nicht immer und nicht nur funktionelle Geräte, sondern in hohem Maße auch Schmuckstücke bzw. modische Accessoires.

Mit dem Selbstverständlichwerden des Uhrentragens ist der reine Funktionsnutzen häufig in den Hintergrund gedrängt – der Geltungsnutzen überwiegt.

Eine Uhr als Schmuck: sie verziert, macht schöner, läßt auffallen, zieht Blicke an.

Schmuck hat, wie wir noch sehen werden, in all seinen Erscheinungsformen hohen Geltungsnutzen und -wert. Er ist Ausdruck der Persönlichkeit, Abzeichen für Gruppenzugehörigkeit, ist Rollen- und Statussymbol und Zeichen einer sozialen Rangordnung.

Nehmen wir als Beispiel im Uhrenbereich den Chronographen.

In seinem angegebenen und möglichen Funktionsnutzen ist er längst nicht so hoch wie in seinem Geltungsnutzen.

Chronographen signalisieren Technik, Sportlichkeit, Männlichkeit, Wissen. Nur wenigen Trägern sind diese Attribute zuzuschreiben. Aber sie identifizieren sich damit, spielen also eine Rolle.

Vor allem bei den modischen Uhren der bunten, jugendlichen Linie wird das Übergewicht des Geltungsnutzens über den reinen Funktionsnutzen deutlich. „Man" trägt diese Uhren, weil es chic ist, weil sie im Trend liegen, weil man „in" sein will, weil es Spaß macht.

Wenn wir also Uhren verkaufen, dann geben wir nicht nur technische Produkte über den Ladentisch, sondern materielle und ideelle Werte.

In einem einfachen Schema lassen sich die Stellenwerte von Funktions- und Geltungsnutzen etwa so darstellen:

Wenn Sie, an dieser Stelle, einmal Ihr Uhrensortiment vor Ihren geschlossenen Augen

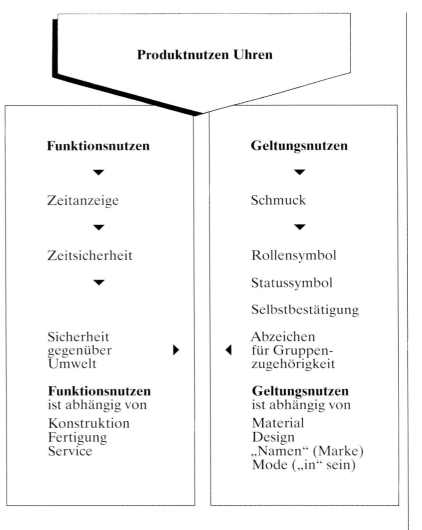

Produktnutzen Uhren

Funktionsnutzen	Geltungsnutzen
Zeitanzeige	Schmuck
Zeitsicherheit	Rollensymbol
	Statussymbol
	Selbstbestätigung
Sicherheit gegenüber Umwelt	Abzeichen für Gruppenzugehörigkeit
Funktionsnutzen ist abhängig von	**Geltungsnutzen** ist abhängig von
Konstruktion Fertigung Service	Material Design „Namen" (Marke) Mode („in" sein)

Revue passieren lassen: der Großteil wird mit Sicherheit in die Gruppe Geltungsnutzen einzuordnen sein.

Und das bedeutet eben, daß wir im Verkaufsgespräch, in der Argumentation, andere Schwerpunkte setzen müssen als bisher.

Die Zeiten, da eine „teuere" Uhr mit dem Hinweis „Schweizer Werk, Edelstahlboden und Mineralglas" verkauf werden konnte, sind längst vorbei.

Eine Uhr zu verkaufen heißt also auch: einen Schmuck verkaufen.

Deshalb ist das nächste Kapitel nicht ausschließlich unter dem Stichwort „Schmuck" zu lesen, sondern hat auch deutliche Bezüge zum Uhrenverkauf.

Kaufmotive für Schmuck

Stellen wir uns und anderen die Frage, warum Schmuck getragen wird, so lauten die sinngemäßen Antworten:

„Um schön zu sein."

„Weil es Freude macht."

„Weil ‚man' Schmuck trägt."

Diese Begründungen sind jedoch ohne rechten Inhalt, ohne Beweiskraft der tatsächlichen Motive.

Wenn wir erfolgreich Schmuck verkaufen wollen, müssen wir mehr darüber wissen, welche Funktionen Schmuck hatte und hat, welche Motive eine Frau heute zum Schmuckerwerb und zum Schmucktragen führen.

Nun haben wir bereits unterstellt, daß Schmuck ein Privileg der Frauen ist. Das trifft für die Gegenwart weitgehend zu, für die Vergangenheit jedoch nicht.

Schmuck war ursprünglich ein Zeichen besonderer Würde, eine Art Auszeichnung. Schmuck war vor allem Auszeichnungssymbol für Männer.

Die wilde Flora und die bunte Tierwelt lieferten den ersten Schmuck: farbenprächtige Federn als Kopfschmuck, Armbänder und Ketten aus Tierzähnen. Erfolgreiche Jäger und Krieger, die sich mit Trophäen der Besiegten schmückten, waren Schmuckträger. Dieser Schmuck war also weniger Ausdruck der Freude am Schmücken, son-

dern hatte überwiegend rituelle Bedeutung. Er war Symbol der Macht oder Stärke oder hatte Amulettcharakter.

Schmuck hatte also eine soziale Funktion: Er diente der Unterscheidung von Stärkeren und Schwächeren (Krieger), von Erfolgreichen und weniger Erfolgreichen (Jäger) und war damit zugleich Abzeichen der gesellschaftlichen Rangfolge.

In vielen Naturvölkern ist Schmuck in seiner ursprünglichen Form (Federn, Tierknochen) noch heute „im Gebrauch".

Der Mann ist eigentlich – deutlich erkennbar – erst seit Beginn des letzten Jahrhunderts, als die nüchterne Schmuckmode aus England sich durchsetzte, bescheidener im Schmucktragen geworden.

Wenden wir uns nach diesem kurzen, aber zum Verständnis notwendigen Ausflug in die Geschichte den gegenwärtigen Kaufmotiven für Schmuck zu.

Ähnlich wie bei Uhrenkauf führen in der Regel mehrere Einzelmotivationen zum Erwerb von Schmuck. Im Verkaufsgespräch werden sie nur selten deutlich erkennbar. Vor allem nicht in reiner Form. Um so wichtiger ist zu wissen, was Schmuck sein kann, soll das Verkaufsgespräch den für beide Seiten zufriedenstellenden Verlauf nehmen.

Bevor wir uns aber, gewissermaßen „wissenschaftlich", mit

der Frage beschäftigen, was denn Schmuck ist und warum gar Schmuck gekauft und getragen wird, einige Antworten aus einer Untersuchung, in der Frauen gefragt wurden „Wenn Sie das Stichwort ‚Schmuck' hören, woran denken Sie da, welche Bilder, welche Vorstellungen, welche Erinnerungen gehören dazu?"

„Da denke ich an schöne Armbänder und Ohrringe... Die hat mir alle mein Mann geschenkt."

„An schöne Dinge, an Geselligkeit, an Freude machen, sich selbst und auch anderen..."

„Luxus. Wenn ich bestimmten Schmuck trage, denke ich sofort an die Person, von der ich die Kette bekam."

„Da denke ich zuerst an mein erstes Schmuckstück, das ich von meinem Mann bekam... Ich verbinde damit weiterhin Glücklichsein, Schönsein, Gepflegtsein. Das Wort Schmuck drückt es ja auch bereits aus: sich eben schmücken."

„Schöne Kleider, Wohlstand, gutes Aussehen, Exklusivität. Teurer Schmuck, billiger Schmuck. Geschmackvolle Stücke, plumper und geschmackloser Schmuck. In der Art könnte ich endlos weitererzählen, aber das sind wohl mehr oder weniger Klischees."

„Schmuck ist etwas, das nicht nur im Materiellen Wert hat, sondern Erinnerung an liebe Menschen ist."

Was ist Schmuck?

In einem Referat zu dem Thema „Warum tragen Frauen Schmuck?" sagte Prof. Dr. Haseloff vom Sigma-Institut für angewandte Psychologie und Marktforschung:

● Schmuck fungiert als Statussymbol. Er demonstriert die erreichte gesellschaftliche Stellung. Je teurer der Schmuck ist, um so erstrebenswerter ist es daher, ihn zu besitzen.

● Schmuck demonstriert und beweist zugleich – als Orden ebenso wie als Collier –, daß der Träger wichtige Verdienste erworben hat.

● Wertvoller Schmuck betont die Kontinuität und überindividuelle Dauer der Familie. Der Familienschmuck wird der einheiratenden Ehefrau „verliehen" und unterstreicht, daß die Beziehung zwischen Mann und Frau auf Dauer hin angelegt ist.

● Familienmotiviert ist auch die Einstellung, daß Schmuck – insbesondere kostbarer Schmuck – als wichtiger Sicherheitsfaktor der Familie für Notfälle, als krisensichere Geldanlage erlebt wird. Hier wirken sich die Geldentwertung, die Interpretation von Schmuck als „Sachwert" und insgesamt die Inflationsfurcht aus.

● Schmuck fungiert seit jeher als ein Signal, das die be-tonte Übernahme der traditionellen weiblichen Rolle anzeigt. Schmuck demonstriert, daß seine Trägerin sich voll und ganz als Frau fühlt. Sie gibt zu erkennen, daß sie sich von Männern beachtet, akzeptiert und bestätigt fühlen möchte. Und sie zeigt deutlich, daß sie bereit und fähig ist, mit anderen Frauen zu rivalisieren.

● Ein (altes) Motiv für das Anlegen von Schmuck ist es weiterhin, daß man auf diese Weise die Bereitschaft demonstrieren kann, den Verhaltenserwartungen anderer (und den Erwartungen an sich selbst) voll zu entsprechen, wie sie durch bestimmte, festliche und außeralltägliche Situationen nahegelegt werden. Schmuck dient damit der Einstimmung anderer und der gefühlsmäßigen Selbststimulation in der Anpassung an festliche, außeralltägliche Situationen.

● Insbesondere bei Frauen jenseits des vierzigsten Lebensjahres ist der Besitz von Schmuck heute ein unbestrittener und subjektiv sehr wichtiger Beweis für die innerhalb der eigenen Familie voll akzeptierte Position. Wertvoller Schmuck zeigt indirekt an, daß man weiterhin geliebt wird und einem anderen Menschen wertvoll ist. Aber auch mit einfachen Amuletten, schlichten Goldkettchen mit Doubléanhängern oder einfachen Freundschaftsringen demonstrieren jüngere Mädchen und Frauen, daß sie nicht mehr allein sind, daß sie vielmehr einen Freund haben, der sie so hoch schätzt, daß man das „kostbare" Stück geschenkt bekam.

● Schmuck kann auch als subjektiv besonders wertvolles Erinnerungszeichen fungieren, das immer wieder auf bestimmte, zurückliegende, aber wichtige Ereignisse gemeinsamen Lebens verweist, das also die Erinnerung an bestimmte Menschen oder Situationen immer erneut aktualisiert und das damit die wechselseitige Verbundenheit zu verstärken hilft.

● Damit hängt zusammen, daß ein intensives Interesse besonders an aufwendigem Schmuck auch in der Furcht begründet sein kann, daß man möglicherweise von seiner wichtigsten Beziehungsperson alleingelassen werden könnte. Schmuck ist stets persönliches Eigentum und stellt einen Besitz dar, der nicht geteilt werden kann oder zurückgegeben werden braucht.

● Schmuck ist stets ein verläßliches Mittel, die Aufmerksamkeit des Betrachters auf bestimmte Körperpartien, auf Ohr und Nacken, auf Stirn und Augen, auf Busen, Bauch oder Hände zu lenken. Schöne Hände oder ein reizvolles Dekolleté ziehen mit Hilfe von Schmuck die Blicke auf sich.

- Indirekt aufmerksamkeitssteuernd ist es auch, wenn Schmuck nicht vorhandene oder zumindest angenommene Schönheitsmerkmale hervorheben soll, wenn er vielmehr dazu dient, die Aufmerksamkeit des potentiellen „Nachfragers" von bestimmten, weniger attraktiven Körperregionen abzulenken.

- Während die beiden letztgenannten Motivationen Schmuck (instrumentell) dazu verwenden, die erotische Ausstrahlung und damit die Anziehung zu verstärken, hat kostbarer Schmuck die weitere Wirkung auf die Männerwelt, einerseits zwar die Schönheit und „Kostbarkeit" der Trägerin zu unterstreichen, andererseits aber auch einen sozialen Abstand zu schaffen und aufdringliche Zuwendung zurückzuweisen („Schönheit hängt semantisch und sprachsoziologisch mit ‚Schonen' zusammen"). Schmuck meldet damit den Anspruch der Trägerin auf pflegliche Behandlung durch die Männerwelt an.

- Schmuck – und hier insbesondere modischer Schmuck – übernimmt die Aufgabe, einer Frau als Accessoires ihrer jeweiligen Kleidung eine bestimmte Anmutsqualität zu verleihen, wie sie der jeweiligen Situation möglichst optimal entspricht.

Daß einige dieser Motive auch auf den Mann und sein Schmuckverständnis bzw. auf sein Sichschmücken passen, ist klar.

Aus den genannten Kaufmotiven für Schmuck können wir uns, wie im Bereich der Uhren, ein Schema erstellen, in dem der Produktnutzen für Schmuck deutlich wird:

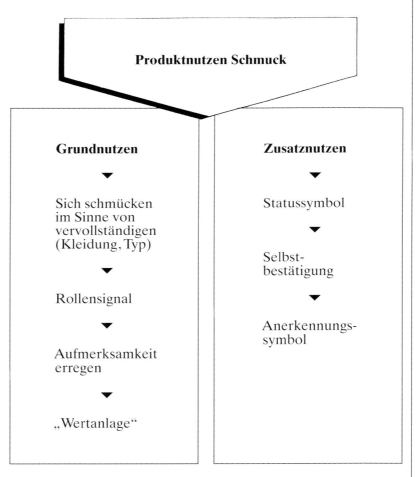

Produktnutzen Schmuck

Grundnutzen

Sich schmücken im Sinne von vervollständigen (Kleidung, Typ)

Rollensignal

Aufmerksamkeit erregen

„Wertanlage"

Zusatznutzen

Statussymbol

Selbstbestätigung

Anerkennungssymbol

Intensiver jedoch als dies bei Uhren der Fall war, greifen bei Schmuck der Grundnutzen und der Zusatznutzen ineinander, überlagern sich in der Vorstellung der Käufer.

Aber auch hierbei gilt: mit dem deutlichen Hinweis auf das Kaufmotiv kommt kein Kunde zu uns in das Geschäft.

Kaum eine Kundin oder gar ein Kunde wird Ihnen sagen, sie müßten demnächst auf einem Ball den anderen Gästen zeigen, wer das Geld wirklich habe oder es gine darum, jemanden endlich auf sich aufmerksam zu machen.

Da wir andererseits, wie wir noch sehen werden, auch nicht

so direkt, wie manchmal wünschenswert, fragen können und wollen, ist es wichtig, über die Kaufmotive und die Käufermotivation so viel wie möglich zu wissen.

So wie sich Kundentypen ändern und neu entstehen, wandeln sich auch die Kaufmotive. Nicht selten verschieben sich auch die Schwerpunkte.

Mag früher das familienmotivierte Schmuckkaufen besonders stark ausgeprägt gewesen sein, so ist das heute nicht mehr unbedingt und überall der Fall. Oder: im Zuge der größeren Unabhängigkeit und Selbständigkeit der Frau ist Schmuck sicher nicht mehr vordergründig „Signal der Übernahme der weiblichen Rolle".

Und nicht vergessen sollten wir bei diesem Thema auch, daß Schmuck, im Gegensatz zu vielleicht vor zehn Jahren, zunehmend auch Accessoires der Männerwelt geworden ist. Wobei die vorgenannten Tragemotive sicher austauschbar sind.

So tragen natürlich Männer auch Schmuck, um auf sich aufmerksam zu machen, demonstrieren mit ihrem Ring, Armband oder mit ihrer Uhr, daß sie sich Verdienste (wörtlich zu nehmen!) erworben haben oder signalisieren mit ihrem Schmuckstück auch eine Erwartungshaltung: jung, dynamisch, aufgeschlossen...

Denken Sie hier an Halsketten, Armbänder, Ohrschmuck: noch vor wenigen Jahren undenkbar. Heute ist auch der Mann „Objekt der Schmuckwerbung".

Beispiele dafür finden Sie nahezu täglich in den Zeitschriften.

Schmuck für Männer: das müssen nicht nur Ketten oder Ringe oder Uhren sein – auch „nützliche" Dinge gehören dazu.

Schmucktragen im Wandel der Zeit

In früheren Zeiten kaufte man Schmuck (wir haben im vorangegangenen Kapitel darüber gelesen), um für sich und die Nachkommen auch Werte zu schaffen. Die kostbaren Pretiosen wurden von der Großmutter auf die Mutter, von der Mutter auf die Tochter und schließlich auf die Enkelin vererbt (familienmotivierter Schmuckkauf!). Und: man kaufte auch Schmuck, um zu repräsentieren.

Für Nostalgie-Fans ist heute „Omas Schmuck", etwa Medaillons nach Art von anno dazumal, im aktuellen Schmuckangebot ebenso enthalten wie Schmuck, der zur sportiven, eleganten oder avantgardistischen Frau paßt.

Allerdings sind die Zeiten vorbei, da Schmuck einer elitären Oberschicht vorbehalten war und von der Umwelt entsprechend taxiert wurde: als kaltes, letztlich unpersönliches Statussymbol.

Die folgenden Bildbeispiele dokumentieren sehr deutlich Schmuckkauf- und -tragemotive.

Die Abbildungen und Texte stammen vom Schmuck-Informations-Centrum (SIC). Sie werden interessierten Redaktionen zur Verfügung gestellt und sehr häufig veröffentlicht. Dadurch werden nicht selten zusätzliche oder auch neue Kaufimpulse ausgelöst oder auch neue Kaufmotive neu belebt.

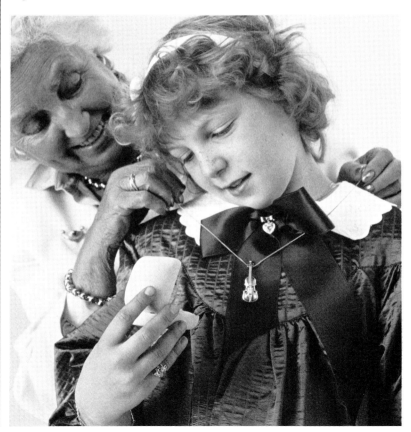

Wer schon als Kind lernt, mit schönen Dingen umzugehen, entwickelt dieses „Wertgefühl" mit zunehmendem Alter immer mehr.

Schon bei kleinen Mädchen ist das Gefühl „sich schmücken zu wollen" stark ausgeprägt und sie wissen meist ganz genau, womit sie noch hübscher aussehen.

Die ersten Schmuckstücke, die junge Mädchen tragen, sind meist Geschenke. Zum Geburtstag, zu Weihnachten, zur Kommunion oder Konfirmation. Oder auch einfach als Belohnung für eine besondere Leistung, wie zum Beispiel fleißiges Musizieren.

Besonders beliebt sind kleine Ringe. Aber auch Anhänger, Broschen, Ohrstecker oder ein Armband werden gerne getragen. Und gerade, weil das „Wertgefühl" auch bei 10jährigen schon ausgeprägt ist, werden sie auf ihr Schmuckstück besonders gut aufpassen und sich immer noch gern an den „Schenker" erinnern, wenn sie bereits erwachsen sind.

Was moderne Männer an Goldschmuck tragen, entspricht auch den Ansprüchen aufgeschlossener designbewußter Frauen. Klare, sachliche Formen lassen das Gold wirken und bringen – wie zum Beispiel hier sein Ring, seine Uhr und seine Manschettenknöpfe – die sparsam eingesetzten schmückenden Details voll zur Geltung.

Super-modern in der Designauffassung und dennoch sehr effektvoll ist auch ihr Schmuck: Die Brosche in flacher Blattform mit dazu passendem Ohrhänger.

Denim und Jeans sind eine Weltanschauung – und vertragen sich sehr gut mit beständigem Gold.

Mädchen zeigen viel Herz unter der Jeansjacke und bringen das zum Glitzern und Glänzen – mit Gold und kleinen Brillanten. „Kleinherzigkeit" ist nicht gefragt, Gold paßt besser zum „understatement in Jeans".

Schmuck auf der Haut ist heute für viele Frauen so selbstverständlich, daß sie z.B. Ketten und Ringe nicht mit dere Kleidung abends ablegen, sondern rund um die Uhr anbehalten: Sie tragen ihren Schmuck auch beim Sport, am Strand, während der Nacht – und legen ihn höchstens im Bade ab.

Kein Wunder, sie wissen, daß ihre Haut, ihr Teint, mit dem goldwarmen Schimmer zarter, jünger und frischer aussieht.

Wenn Sie verkaufen wollen, müssen Sie in der Lage sein, den Bedarf und die Wünsche der Kunden zu definieren. Üben Sie immer und immer wieder Definitionen von Kundenwünschen und Käuferbedarf. Wenn Sie verkaufen wollen, müssen Sie auch in der Lage sein, den Kundenbedarf und den Kundenwunsch mit Ihrem Angebot zu identifizieren. Üben Sie immer und immer wieder die Übereinstimmung von Kundenwunsch und Kundenbedarf mit Ihrem Angebot.

Die Ermittlung des Kundenwunsches

Um den wahren Kundenwunsch zu erfahren, müssen Sie in den meisten Fällen Technik und Taktik ansetzen.

Dies ist dann nicht sehr schwierig, wenn Sie Ihre Ware kennen, von Kaufmotiven gehört haben und – was eben besonders wichtig ist – auch die Fähigkeit besitzen, zuzuhören.

Die Versuchung, eine ernste Kundenäußerung schon als Kundenwunsch anzuerkennen und sofort Ware zu zeigen, ist natürlich groß. Aber dieser Versuch ist auch mit einem Risiko behaftet, denn:

Erklärt Ihnen ein Kunde, er benötige eine Uhr und denke, dafür etwa 100 oder 150 DM auszugeben, dann ist noch lange nicht gesagt, daß er nur soviel Geld ausgeben kann oder will.

Haben Sie diese Preislage jedoch sofort auf den Tisch gebracht, dann wird es schwer sein, in nicht ursprünglich vorgesehene höhere Preislagen aufzusteigen. Und das kann dann notwendig werden, wenn dem Kunden die von Ihnen voreilig präsentierten Modelle der Preislage um 150 DM in Form und Technik nicht zusagen.

Deshalb: richten Sie sich bei der Kundenwunschermittlung nach dem Motte „Hören – Fragen – Zeigen".

Fragen Sie nach, wenn der Kunde sagt, er möchte eine Armbanduhr.

Machen Sie aber bitte hierbei keine sprachlichen oder pseudopsychologischen Verrenkungen, sondern klare Antworten möglich.

„Werden Sie die Uhr selbst tragen oder verschenken?"

Fall 1

„Die Uhr ist für mich."

„Können Sie mir noch sagen, ob Sie besonderen Wert auf modisches, sportives oder klassisch-elegantes Design legen?"

Nennt der Kunde eine Design-Linie, wissen Sie natürlich sofort, aus welchen Schubladen Sie vorlegen können.

In den seltenen Fällen, in denen der Kunde die „Achseln zuckt", müssen Sie aus jeder Linie je ein Modell vorlegen:

„Darf ich Ihnen zunächst diese drei Uhren zeigen: die A-Uhr ist ein Beispiel aus unserer modisch-aktuellen Kollektion. Die B-Uhr charakterisiert unsere sportive Linie und die C-Uhr repräsentiert unser exklusiv-elegantes Uhrenangebot."

Die Uhren, die Sie vorlegen, sollten der für das Geschäft typischen mittleren Preislage entsprechen. Warum – das untersuchen wir im Kapitel „Preis-Fragen".

Fall 2

„Sie ist ein Geschenk."

„Für einen Herrn oder eine Dame?"

Je nach Antwort bringen Sie nun, wie im Falle 1, drei typische Vertreter ihrer Kollektionen auf den Tisch.

Im Gegensatz aber zu der Situation, in der Sie den künftigen Uhrenträger vor sich haben, ist in diesem Fall der eigentliche Kunde nicht mit von der Partie.

Um sicherzugehen, daß die beschenkte Person an der Uhr Freude hat, müssen Sie nachfragen.

„Können Sie mir sagen, ob die Dame sich mehr über diese oder vielleicht diese Uhrenlinie freuen würde?"

„Ich glaube, daß eher die modische Linie in Frage kommt."

Legen Sie nun, wieder in der mittleren Preislage (wobei die Spannbreite in dieser Preislage zwischen 50 und 150 DM reichen kann), vor:

„Dann darf ich Ihnen zunächst diese Uhren zeigen, in Farbe und Form entsprechen Sie dem aktuellen Modetrend. Dennoch gibt es, wie Sie zum Beispiel an diesen beiden Uhren sehen, gestalterische Unterschiede. Glauben Sie, daß die Dame eher ein farbenfrohes oder ein unifarbenes Modell tragen würde?"

Kann sich der Käufer festlegen, präsentieren Sie aus der „bunten Linie" ein oder zwei weitere Modelle.

Sagt der Kunde: „Da bin ich nicht so sicher."

Ist eine Ihrer möglichen Antworten: „Bevorzugt die Dame vielleicht eine bestimmte Modellinie in der Kleidung oder bei Accessoires?"

Produkt

Gebrauchsnutzen + Geltungsnutzen

Preis + Service

Kundenwunsch

Kann Ihnen der Kunde eine Entscheidungshilfe geben, ist der Fortgang kar.

Im Verneinungsfall müssen Sie versuchen, noch mehr über die zu beschenkende Dame zu erfahren.

Sagen Sie dem Kunden, daß Sie nicht haben, was er sucht.

„Darf ich zunächst noch mehr über die Dame erfahren? Hat sie eine Lieblingsfarbe z. B.?"

Die Möglichkeiten, sich in einem derartigen Falle über die nichtanwesende Person Informationen zu verschaffen, sind vielfältig.

Natürlich kann man im Einzelfall nach Hobby, Liebhaberei, Beruf fragen. Hier gibt es weder ein Verkaufsgesetz, das dies verbietet und fordert.

Situation, persönlicher Kontakt und natürlich das Fingerspitzengefühl entscheiden, was Sie fragen können und was nicht.

Fragen Sie also, natürlich in ganzen Sätzen, nach, wenn eine Kundin ein „kleines Schmuckstück" als Geschenk kaufen möchte:

Für wen ist das Geschenk?

Ist der vorhandene Schmuck bekannt?

Soll das neue Schmuckstück Ergänzung sein?

Fragen Sie nach, wenn ein Kunde „eine Kleinigkeit" zum Geburtstag seiner Frau (Bekannten, Freundin usw.) wünscht:

Was heißt Kleinigkeit?

Geschenk aus Silber?

Ist die Dame Edelsteinliebhaberin?

Wäre ein Ergänzungsgeschenk zu vorhandenem Schmuck geeignet?

Sie haben an diesen drei Beispielen erkannt, daß überlegtes Nachfragen viele Informationen erbringen kann, aus denen Sie den eigentlichen Kundenwunsch deutlicher ersehen.

Das Fragen, das Suchen nach Informationen, wird Ihnen von den Kunden nicht als Neugierde ausgelegt, wenn Sie schon zu Beginn eines Verkaufsgesprächs erläutern, daß Sie natürlich dann am umfassendsten beraten können, wenn Sie über Art und Verwendungszweck des gewünschten Gegenstandes so viel wie möglich wissen.

Was wir bis hierher erläutert haben, gilt ganz allgemein für jene Kunden, die mit einem nicht näher definierten Kaufwunsch zu uns kommen. Das Nachfragen bei diesen Kunden hat allerdings eine – nicht im voraus zu bestimmende – Grenze. Sie ist spätestens dann erreicht, wenn der Kunde sagt, er dachte in einem Uhrenfach-

geschäft zu sein und nicht in einem Interviewinstitut.

Der Hinweis auf Taktik gehört aber auch dazu: Beginnt der Kunde bei gezielten Nachfragen zu „springen", sagt „mal so und mal so", dann bitte Ware auf den Tisch und den Wunsch mit Hilfe von Produkten ermitteln. Dies ist zwar umständlicher und auch anstrengender, führt aber wahrscheinlich zu einem Kauf, der mit Nurfragen nicht zustandegekommen wäre.

Übrigens:

Viele Reklamationen lassen sich vermeiden, wenn bei der Kundenwunschermittlung sorgfältiger geforscht worden wäre.

Meist haben es sich nämlich die Kunden, wenn sie mit Umtauschwünschen kommen, keineswegs anders überlegt, sondern konnten sich nicht verständlich machen und die Verkäufer versuchten nicht intensiv genug, nachzufragen.

Denken Sie an Kundenäußerungen wie:

„Diese Brosche paßt leider nicht zu meinem übrigen Schmuck!"

„Ich mag doch gar keine grünen Steine!"

„An die kleinen Striche auf dem Zifferblatt kann ich mich nicht gewöhnen. Ich möchte eine Uhr mit Zahlen."

„In meinem Alter kann ich die kleinen Ziffern nicht mehr erkennen."

Hinter jeder dieser Umtauschbegründungen steht ein Verkaufsgespräch, bei dem der Kundenwunsch nicht exakt ermittelt wurde.

Der Auftritt unserer Produkte

Es ist sehr schade, daß unsere wertvollen Waren, Uhren ebenso wie Schmuck, in Verkaufsgesprächen in den meisten Fällen auf einer mittelmäßigen Kleinstadtbühne auftreten müssen und nie das glanzvolle Rampenlicht erster Premierenhäuser kennenlernen.

Lieblos liegen da fünf bis sechs Uhren nebeneinander, werden mit vorsichtigem Fingerdeuten erklärt („Schwarzes Zifferblatt mit Leuchtzeiger, sehr praktisch") und bleiben dem Kunden dennoch unbekannt und fremd.

Wie großartig verstehen es dagegen die Kollegen anderer Branchen, ihre Ware zu zeigen. Da wird ein Kostüm zum Tageslicht getragen, damit die Kundin die Farbe richtig sieht. Da werden Parfümfläschchen zum Probieren geöffnet, und Schuhkartons türmen sich zu wahren Bergen.

Und wir? Mit spitzen Fingern nehmen wir eine Armbanduhr vom Tablett und halten sie der Kundin entgegen. Wartend, daß sie vor Entzücken in Oh-Rufe ausbricht.

Zugegeben, ein wenig übertrieben. Aber denken Sie an Ihre tägliche Praxis. Verstehen Sie es, Ihrer Ware einen glanzvollen Auftritt zu verschaffen? Machen Sie die Uhr oder das Schmuckstück zum Star des Verkaufsgespräches? Wenn nein, dann beherzigen Sie diese Sätze:

● Legen Sie fünf Uhren auf dem Tablett vor.

● Legen Sie, von sich aus gesehen, die Uhren von rechts nach links vor, damit der Kunde das Angebot von links nach rechts sieht (es entspricht unserer Sehgewohnheit, links mit dem Lesen zu beginnen).

● Lassen Sie dem Kunden Zeit, sich die einzelnen Uhren oder Schmuckstücke zu betrachten. Wenn Sie die Produkte zu schnell wechseln, gewinnen Sie kaum Zeit, können aber einen Kunden verlieren.

● Und wenn Sie eine Uhr erklären, dann nehmen Sie das gute Stück auch in die Hand. Bitten Sie den Kunden, die Uhr an den Arm zu legen. Ermöglichen Sie ihm (nehmen wir mal einen Ausdruck aus einer anderen Branche) eine „Probefahrt".

● Sie kennen das Gefühl, das der Kunde bekommt, wenn Sie ihm eine Uhr anlegen, aus eigenem Erleben: beim Kleider- oder Anzugkauf. Hat man ein Stück am Körper, dann beginnt schon das „Besitzergreifen".

Nutzen Sie das. Und fördern Sie das Besitzenwollen, indem Sie die Uhren dem Kunden an den Arm legen.

„Anprobieren" sollten Sie freilich nur jene Uhren, für die sich der Kunde besonders interessiert. Welche Uhren das sind, können Sie leicht feststellen. Der Kunde kehrt immer wieder zu ihnen zurück. Mit den Augen, mit einer Geste oder direkt, indem er sagt, diese oder jene Uhr wolle er noch einmal sehen.

Während der Auftritt von Uhren verhältnismäßig leicht inszeniert werden kann, verlangt die Vorlage von Schmuck noch mehr Fingerspitzengefühl.

Szene: Eine Verkäuferin hält sich eine Brosche an das Kleid, tritt einen Schritt zurück, versucht sich in einer Mannequinpose und lächelt: „Ist doch entzückend, nicht?"

Keine erdachte Szene, leider. Aber sie muß sofort und für immer aus Ihrem Repertoire gestrichen werden. Denn: Soll die Verkäuferin die Brosche tragen oder die Kundin? Wenn das Schmuckstück zum Kleid der Verkäuferin paßt, ist doch noch lange nicht gesagt, daß es der Kundin steht.

Also: Wenn Sie Ansteckschmuck vorlegen, dann bitte zunächst eine Spiegel besorgen und ihn der Kundin überreichen. Und den Schmuck dann so anstecken, daß die Kundin das Gefühl hat, sie sei bei der Anprobe eines eleganten atemberaubenden Kleides.

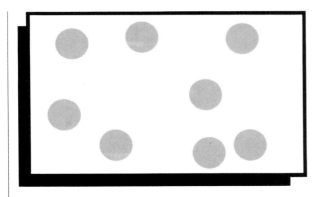

1
Aus der Schublade heraus Armbanduhren dem Kunden in dieser Form vorzulegen, verrät nicht nur mangelndes Interesse am Verkauf, sondern zeugt auch von wenig Wertschätzung der eigenen Ware. Darüber hinaus ist eine derartige Vorlage für Trickdiebe ein Geschenk.

2
In dieser Anordnung haben die Uhren schon eine eigene Wertigkeit, die Reihung wirkt jedoch optisch langweilig.

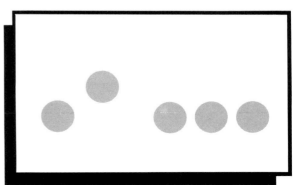

3
Durch Teilung in zwei und drei Uhren erhalten wir eine spannendere Reihe. Außerdem wird durch Wegnahme einer Uhr das optische Bild so schnell und deutlich verändert, daß es uns (unbewußt) auffällt. Bei einer ruhigen Reihung von z.B. mehr als sechs Uhren reagieren wir nicht so schnell.

4
Versetzen wir nun eine Uhr der geteilten Reihe nach oben (und zwar die zweite Uhr von links), dann ergibt sich eine Anordnung, bei der das Auge des Betrachters immer wieder auf der „erhöhten" Uhr hängen bleibt. Folge: An dieser Stelle sollte immer jenes Modell liegen, das der Kunde in die engere Wahl gezogen hat bzw. von dem wir der Ansicht sind, es würde der Vorstellung des Kunden am nächsten kommen.

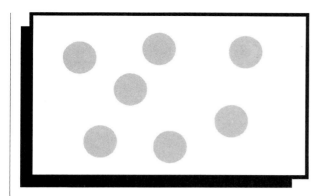

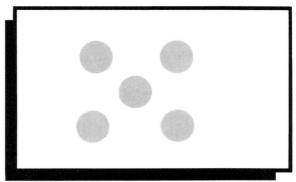

1
Für kleinere Produkte wie Ringe oder Ohrschmuck gilt zunächst das zu Uhren Gesagte: Eine unübersichtliche Vorlage ist für den Kunden verwirrend und für uns gefährlich: Trickdiebstahl!

2
Eine Möglichkeit, eine sichere Vorlage zu praktizieren, ist das „Würfel-System": Sie legen die Schmuckstücke wie in Abb. 2 beschrieben auf Ihr Tablett. Und auch hier gilt: durch Wegnahme eines Stückes fällt Ihnen sofort die „gestörte" Ordnung auf. Beachten Sie bitte auch: das zu verkaufende oder vom Kunden besonders gefragte Schmuckstück wird in die Mitte placiert.

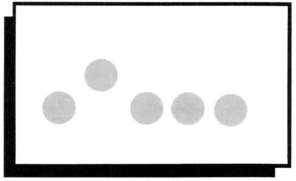

3
In Rillentabletts können Sie die Produkte natürlich auch in der Reihung präsentieren.

4
Spannender wird, wie bei Uhren, die Vorlage durch Versetzen eines Ringes z. B. in die darüberliegende Rille.

Die „Preis-Frage"

„Über Geld spricht man nicht, man hat es" – nach diesem Wort etwa handeln überwiegend jene Kolleginnen und Kollegen, die es nie wagen würden, den Kunden nach einer Preisvorstellung zu fragen.

Dabei ist in der Frage nach der finanziellen Größenordnung eines Kaufes heute keine Indiskretion zu sehen, sondern ist ganz im Gegenteil wichtige Information für Verkäufer und Kunde.

Sicher ist die Frage nach dem Preis aber aus Gründen des Stils und der Taktik nicht unmittelbar nach der Begrüßung zu stellen und auch nicht direkt zu formulieren. Vor allem dann nicht, wenn andere Kunden in der Nähe sind.

In der Praxis des Alltags klärt sich die Suche nach der geeigneten Preislage meist schon dadurch, daß der Kunde seine Preisvorstellungen nennt, meist schon unter Bezugnahme auf das Schaufenster oder ein Inserat oder Prospektmaterial.

(Derartige Hinweise nicht überhören! Müssen Sie nach Informationen fragen, die der Kunde Ihnen schon gegeben hat, so kann er Ihnen dies als Unaufmerksamkeit oder als mangelndes Interesse auslegen.)

Aus der Art des Kundenwunsches geht ebenfalls häufig der Preisrahmen hervor: Will der Kunde eine Armbanduhr für einen sportbegeisterten Jungen, so wird die Preislage um 60 DM ebensowenig richtig sein wie jene um 300 DM.

Fragt sich nun, an welcher Stelle der Bandbreite von 240 DM anzusetzen ist?

Grundsatz: Nennt der Kunde keinen Preis und ist es auch anhand des Kundenwunsches nicht möglich, eine bestimmte Preislage zu ermitteln, dann beginnen Sie bei der „mittleren" Preislage.

Darunter ist nicht eine bestimmte Zone zu verstehen, sondern ein nach Kundenwunsch (Produkt) und Sortiment verschieden anzusiedelnder Spielraum.

Im genannten Falle wird der richtige Ansatzpunkt wahrscheinlich bei 100 DM liegen.

Sprechen Sie vom Preis, ehe Ihr Kunde danach fragt.

Argumentiert der Kunde, dies sei zu teuer, weil der Junge seine Uhr immer verliere, er also öfter eine „billigere" Uhr kaufen müsse, so können Sie diesem Argument folgend glaubwürdig auf 80 oder 60 DM heruntergehen. Hätten Sie bei 80 DM erst angefangen, wäre der Unterschied nicht groß genug, um „billiger zu wirken".

Auf der anderen Seite: Bei einem Angebot einer 200-DM-Uhr und einem Kauf einer Uhr zu etwa 60 DM wäre der Unterschied zu groß geworden, um noch glaubwürdig sein zu können oder unmißverständlicher gesagt: Legen Sie eine Uhr für 200 DM vor und der Kunde kauft eine Uhr für 60 DM, so waren Preisermittlung und Argumentationen von Ihnen nicht überzeugend genug.

Weiterer Vorteil, bei „schweigsamen Kunden" mit der „mittleren" Preislage zu beginnen, bietet sich in der Chance, auch nach oben ausweichen zu können, wenn der Kunde mehr Geld ausgeben will, als er zunächst erkennen läßt.

Von unten nach oben argumentieren zu müssen ist ebenso schwierig, wie von oben nach unten, vor allem deshalb:

Haben Sie, weil Sie den Kunden unterschätzten, mit einer unteren Preislage begonnen und müssen nun bis in obere Preislagen vorlegen, so kann die Unterschätzung für den Kunden Erniedrigung und Beleidigung sein.

Begannen Sie mit einer „teuren" Preislage und müssen nach unten gehen, so wird das für beide Parteien einen peinlichen Anstrich haben.

Bedenken Sie: Bei einer „mittleren" Preislage von 100 DM könnte man um 60 DM als „untere" und um 150 DM als „obere" Preislage ansetzen.

Müssen Sie nun von 100 DM auf 60 DM gehen, so wirken diese 60 DM nicht so „billig", wie sie es bei einem Ausgangsbetrag von 150 DM würden.

Andererseits: Steigen Sie von 100 DM auf 150 DM, so sind diese 150 DM wiederum nicht so „teuer", wie sie es bei einem Anstieg von 60 DM aus sein würden.

Bei der Präsentation von Ware in verschiedenen Preislagen müssen Sie sich immer vor Augen halten, daß Sie die Preisunterschiede dem Kunden glaubwürdig zu argumentieren haben. Zu große oder zu kleine Preisunterschiede sind schwierig zu erläutern!

Beachten Sie jedoch, daß der Preis niemals für sich alleine genannt werden darf, sondern „eingepackt" werden muß.

Also nicht: „Diese Uhr kostet 260 Mark."

Sondern: „Die A-Uhr mit widerstandsfähigem, wasserdichtem Edelstahlgehäuse kostet 260 DM."

Sie können jedoch auch den Preis zwischen zwei Argumenten verpacken:

„Dieses Perlencollier mit dem praktischen Clipverschluß, es kostet 1400 DM, können Sie leicht in ein doppelreihiges Halsband verwandeln."

Wichtig ist: Der von Ihnen geschilderte Nutzenaspekt des Produktes muß den Preis überdecken bzw. günstig erscheinen lassen.

Bei der Preisnennung geht es also einmal darum, die verschiedenen Nutzenaspekte zu erläutern und gleichzeitig auch die Preiswürdigkeit (das Produkt ist dieses Preises würdig, es ist einen Preis wert) zu unterstreichen.

Hierzu ein weiteres Beispiel:

„Ein Quartzwecker – **Plastikgehäuse mit Batterie,** es gibt ihn in **verschiedenen Farben.**"

So lautet vielfach ein „erklärender Satz". Wobei dann vielleicht noch hinzugefügt wird: „Der kommt auf 59 Mark."

Dagegen: „Dieses Modell der **bekannten Firma ...** für 59 DM ist mit einem **sekundengenauen Quartzwerk** ausgestattet. Es läßt sich **exakt und leicht einstellen.** Das **schlagfeste Kunststoffgehäuse** gibt es in **verschiedenen Farben.** Die **Batterie garantiert** Ihnen eine **Laufzeit von zwei Jahren.**"

Wenn Sie mit dieser Produkterläuterung den Preis nennen, wird ihn der Kunde mit vielen Nutzen in Verbindung bringen und nicht als „zu teuer" empfinden.

Sie haben mit der Nennung des Produzenten

auf ein **Markenprodukt** verwiesen,

die **Zuverlässigkeit** (sekundengenau) erwähnt,

das **Sicherheitsbedürfnis** erfüllt (garantierte Laufzeit, schlagfestes Gehäuse) und

die **Bequemlichkeit** der Handhabung (exakt und leicht einstellen) ebenso verdeutlicht,

wie das modische oder **geschmackliche Moment** (verschiedene Farben).

Und damit haben Sie den Anspruch des Kunden erfüllt, für sein Geld einen hohen Gegenwert zu erhalten bzw. angeboten zu bekommen.

Mit diesem Beispiel haben Sie auch gleichzeitig die schon früher beschriebenen Kaufmotive berücksichtigt, von denen sich natürlich im weiteren Verlauf des Gespräches das eine oder andere als besonders wichtig herausstellen kann.

Mag sein, daß die Preis-Frage also häufig eine „harte Nuß" darstellt. Mit etwas Übung jedoch werden Sie auch dieses Problem künftig mühelos „knacken".

Die folgenden Kapitel werden Ihnen dazu allerlei Hilfestellung geben können.

Argumente, Argumente...

Hier ist nicht gemeint, dem Kunden mit pseudopsychologischen Tricks ein Produkt schmackhaft zu machen, das er gar nicht möchte. Im folgenden Kapitel haben wir einige produktkundliche Argumente aufgelistet, die Sie so oder natürlich auch abgeändert in Ihren Verkaufsgesprächen verwenden können. Einen Teil der Beispiele haben wir Informationen von Herstellern entnommen, auch als Anregung, die in den Betrieben vorhandenen Broschüren und Prospekte zur eigenen Produkt-Argumente-Sammlung zu benutzen.

Auf den folgenden Seiten wollen wir uns mit dem Thema „Produkt-Argumentation" befassen.

Warum gerade diese Uhr?

„Zeige mir Deine Uhr und ich sage Dir, wer Du bist" – auf diesen Nenner lassen sich die Ergebnisse einer stern-Umfrage bringen, in der Einstellungen zum Besitz und Tragen von Uhren untersucht wurden.

Exklusive (oder teuere?) Uhren werden immer als Statussymbol und auch als Geschmacksindikator bewertet: „Eine teure Uhr darf und soll einen entsprechenden Eindruck hinterlassen."

Ein Großteil der Uhrenträger legt zwar in einer „Wertskala" große Bedeutung auf die Genauigkeit (Funktionsnutzen!), stimmt aber auch sehr stark folgenden Aussagen zu:

„An der Uhr kann man gut erkennen, ob jemand Geschmack hat oder nicht."

„Für mich ist es wichtiger, daß eine Uhr meinem Geschmack entspricht, als daß sie auf die Sekunde genau geht."

Überhäufen Sie Ihren Kunden mit einer Fülle von technischen Einzelheiten.

„Ich mag keine Uhren, die jeder trägt!"

„Einer teuren Uhr darf man ruhig ansehen, daß sie teuer war."

Nehmen wir nun das Wissen um Kaufmotive und Käuferwünsche aus dem vorangegangenen Kapitel und übertragen die Kundenbefragungen in unser Kenntnispaket, so sind wir für die Argumentation im Verkaufsgespräch gerüstet.

An dieser Stelle sollten wir uns aber auch noch an die Bedeutung des Kaufortes erinnern:

Nach einer Untersuchung, die erst vor kurzer Zeit im deutschen Markt durchgeführt wurde, werden Uhren, vor allem Armbanduhren in höheren Preislagen, immer noch überwiegend im Fachgeschäft gekauft, während sich die modisch-jugendlichen Uhren längst Boutiquen und alle anderen Angebotsformen als Absatzweg ausgesucht haben.

Das heißt nun nicht, daß im Fachgeschäft nur „teuere" Uhren verkauft werden. Wenn's aber um Geld geht, ist der Verbraucher, wir wissen es schon, besonders kritisch bzw. anspruchsvoll.

Mit dem Herunterleiern von Stichworten zur Produktqualität ist es also nicht getan.

Wenn wir uns aus den möglichen Argumenten eine Art Check-Liste erstellen, dann wird deutlich, wie umfangreich

56

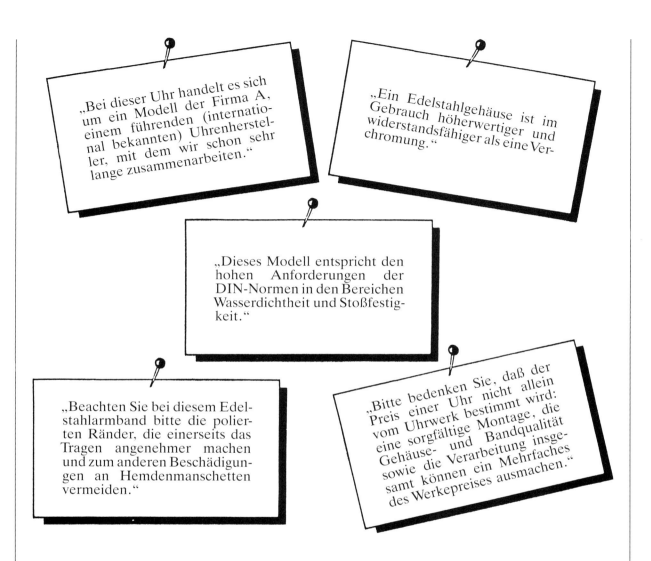

„Bei dieser Uhr handelt es sich um ein Modell der Firma A, einem führenden (international bekannten) Uhrenhersteller, mit dem wir schon sehr lange zusammenarbeiten."

„Ein Edelstahlgehäuse ist im Gebrauch höherwertiger und widerstandsfähiger als eine Verchromung."

„Dieses Modell entspricht den hohen Anforderungen der DIN-Normen in den Bereichen Wasserdichtheit und Stoßfestigkeit."

„Beachten Sie bei diesem Edelstahlarmband bitte die polierten Ränder, die einerseits das Tragen angenehmer machen und zum anderen Beschädigungen an Hemdenmanschetten vermeiden."

„Bitte bedenken Sie, daß der Preis einer Uhr nicht allein vom Uhrwerk bestimmt wird: eine sorgfältige Montage, die Gehäuse- und Bandqualität sowie die Verarbeitung insgesamt können ein Mehrfaches des Werkepreises ausmachen."

der Katalog wird, aus dem wir uns die zutreffenden Argumente heraussuchen können, die es aber gilt, in Sätze zu fassen:

Ästhetische Qualität:

Formen (Rund – ruhig, konzentriert, Rechteck – dynamisch; Quadrat – gleichmäßig); Farben: harmonisch?, modisch aktuell?; Zifferblattgestaltung: Mondschliff, Sonnenschliff, Email, Dekor; Stilgetreu – z.B. Zeiger; Bicolor – Titan-Gold.

Material:

Kunststoff (haltbar?, farbbeständig?); Farbüberzüge von Gehäusen (haltbar?); Verchromung – Edelstahl (Widerstandsfähigkeit, längere Gebrauchsdauer); Uhrgläser (höherer Schutzfaktor durch Mineralgläser).

Herstellung:

Renommierte Fabrikanten, sorgfältige Montage und Zwischenkontrollen, die uns bekannten Hersteller garantieren Ersatzteilbeschaffung bzw. Service; Finish (Endbearbeitung wie Politur usw.).

Sicherheit:

Große Zuverlässigkeit durch moderne Technologie; Verschlüsse: stabil, Schloßeinstellung verändert sich beim Tragen nicht.

Service:

Erhaltungs- und Reparaturservice in eigener Werkstatt? Schnellservice möglich? Gleichwertige Ersatzuhr während Reparaturzeit?

Ein Blick auf die fünf „Qualitätsgruppen" zeigt Ihnen, daß zur Umsetzung dieser Argumenten-Stichworte natürlich mehr Fachwissen notwendig ist, als nur einige Grundkenntnisse.

Gerade bei der Produktnutzenargumentation wird deutlich, daß vor Jahren erworbenes Wissen nicht genügt: sowohl im Bereich der technologischen Entwicklung als auch im Design-Bereich und sogar im Service haben sich soviele Veränderungen ergeben (und werden sich laufend ergeben), daß permanente Weiterbildung in allen Wissensgebieten, die wir auf Seiten 12 und 13 beschrieben haben, unerläßlich ist.

Neuentwicklungen bei den Gehäusematerialien (Überzüge, Farbkombinationen), technologische Fortschritte (funkgesteuerte Armbanduhren sind nicht mehr so fern!), aber auch Designfragen können den höheren Nutzen und damit den höheren Preis einer Uhr mitbestimmen.

Nutzen Sie vor allem die Ihnen von den Uhrenherstellern zur Verfügung gestellten Produktinformationen: Schreiben Sie sich die wichtigen und überzeugenden Argumente auf und legen Sie das Blatt zu diesen Seiten. Im Laufe der Zeit bekommen Sie auf diese Weise eine umfangreiche Sammlung von Produkt- und Preisargumenten.

Einige Beispiele dazu finden Sie auf den folgenden Seiten. Die Texte geben Ihnen eine Fülle von Argumenten, die es Ihnen ermöglichen, Ihren Kunden mehr als nur eine reine Produktbeschreibung aufzusagen.

58

Eine Uhr von Maurice Lacroix
zeigt mehr als nur die Zeit.

Das Tragen einer Maurice Lacroix heißt:
Eine Schweizer Uhr zu besitzen, die sich auszeichnet
durch eine ausgereifte Technik, eine optimale Verarbeitung und einem modebewußten Design mit
bleibender Eleganz.

Die Technik der Maurice Lacroix-Uhren besteht aus
hochwertigen Quartzwerken, die teilweise in eigenen
Werkstätten handwerklich verarbeitet werden.

Die Zifferblatt-Creationen sind von erlesener Vielfalt
und bis ins Detail präzise verarbeitet.

Superflache, extra leichte Gehäuse in verschiedenen
Versionen wie Edelstahl/18 ct. Gold, Edelstahl/18 ct.
goldplattiert, 18 ct. goldplattiert.

Saphirglas bzw. ein kratzunempfindliches gehärtetes
Mineralglas, meist wasserdicht bis 30 m
Wassertiefe sowie farblich abgestimmte echte Kroko-
bänder und sorgfältig verarbeitete Edelstahl- und
bi-color-Bänder runden das vollendete Design ab.

Eigenes Maurice Lacroix-Design – geschützte
Modelle.
Internationale, weltweite Garantie.

Lassen Sie sich im führenden Fachgeschäft von den
Maurice Lacroix-Collectionen überzeugen.

PHILIPPE CHARRIOL

MODELL
DEAUVILLE

ANDERS ALS ANDERE

Seit mehr als 75 Jahren werden in unserem Stammhaus in Pforzheim Uhrgehäuse, Uhren und Schmuck hergestellt. Vom Großvater über Vater und Sohn war das Bestreben stets hoher handwerklicher Kunst gewidmet.

Das erklärte Ziel der letzten Jahre war der Aufbau einer völlig neuen, eigenständigen Uhrenlinie. Designer, Ingenieure, Goldschmiede und Uhrmacher mit langjähriger Berufserfahrung arbeiteten an diesem Projekt.

Nach langer, aufwendiger Entwicklungsarbeit erfolgte der Durchbruch zu den besten Uhren der Welt.

Die PHILIPPE CHARRIOL Uhr
setzt neue Maßstäbe und Akzente

Die Marke

Benannt nach einem Mann, der über lange Jahre hinweg den Aufbau und die Richtung des führenden Luxusartikelhauses der Welt geleitet hat.
PHILIPPE CHARRIOL hat 1983 den großen Konzern verlassen, um fortan selbst ein Stück Uhrengeschichte zu schreiben.

Die Uhr

Die Deauville von PHILIPPE CHARRIOL mit ihrem außergewöhnlichen Design ist einzigartig auf der Welt. Diese Uhr ist ein wertvolles Meisterstück mit individuellem Charakter.
Stück für Stück wird sie in kleiner Serie liebevoll hergestellt. Mehr als drei Monate dauert es, bis eine Uhr alle Stationen meist aufwendiger Handarbeit durchlaufen hat.
Allein für das Armband werden über 2000 feine Drähte einer Edelstahl-Titanlegierung korrossionsfrei miteinander spezialverschweißt.

Nach dem Einbau feinster Schweizer Quarztechnik und mehrfacher Kontrolle, wird jedes Stück einzeln numeriert.

Alle PHILIPPE CHARRIOL Uhren sind wasserdicht bis 30 Meter. Sie sind durch geringes Gewicht und flexibles Band äußerst angenehm zu tragen.

Der patentierte Sicherheitsverschluß ist einmalig. Er bietet doppelte Sicherheit durch zweifache Verriegelung.

Dadurch ist die PHILIPPE CHARRIOL Uhr leicht anzulegen und einfach verstellbar für jedes Handgelenk.

Qualitätsgarantie

Alle Bauteile der PHILIPPE CHARRIOL Uhr bestehen aus besten Materialien und werden mit höchster Präzision hergestellt und zusammengebaut.

Mit jeder Uhr erhalten Sie:
– eine in Leder gebundene ausführliche Beschreibung der PHILIPPE CHARRIOL Uhr mit Erklärung u.a. der Schloßfunktion, Bandverstellung und Einstellung der Datumsanzeige.
– ein kleines Heft mit allen Servicestellen weltweit.
– die internationale PHILIPPE CHARRIOL Garantiekarte und damit den Zugang zu dem weltweiten Service.

Verpackung

Die PHILIPPE CHARRIOL Uhr wird in echtem Lederetui geliefert, welches nachher als weiches Brillenetui Verwendung findet.

Vertrieb

PHILIPPE CHARRIOL Uhren sind nur bei wenigen, konzessionierten Feinuhrmachern und Juwelieren erhältlich.

NUR EINEM KLEINEN KREIS BLEIBT ES VORBEHALTEN,
EINE SOLCHE UHR ZU TRAGEN.

Omega Speedmaster Professional: Vergangenheit und Zukunft liegen dicht beieinander

Als Omega 1946 das Kaliber 321 konstruierte, träumte zwar Wernher von Braun schon vom Flug zum Mond – doch die Schweizer Uhrenhersteller hatten irdischere Ziele:

Sie wollten einen Chronographen schaffen,
der das ganze Wissen
und die fortschrittlichste Technologie
der Uhrmacherkunst vereinigt.

So entstand die Speedmaster Professional als Weiterentwicklung eines schon 1941 konzipierten Chronographen, des Omega 27 Chro.

Zu Beginn der 60er Jahre, als die NASA nach einer Armbanduhr für ihre Astronauten suchte, erwarben die Einkäufer bei einem Fachhändler in Houston verschiedene serienmäßig gefertigte Chronographen fünf namhafter Hersteller – einer von ihnen war die Speedmaster Professional von Omega.

Diese Uhren sollten ihre Eignung für die bis dahin unbekannten Anforderungen im Weltall und auf dem Mond beweisen.

Testbedingungen wurden entwickelt,
die nach Möglichkeit den ungeheuren Strapazen
entsprechen sollten,
die bei Raumflügen Mensch und Material
erwarten.

Eine erste Prüfung warf gleich zwei Uhren aus dem Rennen: Sie genügten nicht einmal den Mindestanforderungen

Drei Schweizer Fabrikate standen nun zur Auswahl – die NASA forderte von den Herstellern weitere Prüfexemplare an. Diese Chronographen sollten, eingespannt in Testgeräte, Torturen trotzen, wie sie noch keine Uhr durchgemacht hatte:

– schockartiger Temperaturwechsel
  von minus 18 Grad bis plus 93 Grad Celsius
– Wasserdichtigkeitsprüfung bei Schwerelosigkeit
  und in 16 Metern Tiefe
– Empfindlichkeitsprüfung gegenüber Feuchtigkeit
  bei starken Temperaturschwankungen
– Tagelanger Aufenthalt in der Unterdruckkammer
– Brutale Verzögerungen und Beschleunigungen von 16g
  (das entspricht der 16fachen Erdanziehungskraft)
– Stärkste Vibrationen von 5-2000 hz
– Heftige Stöße von 40 g
  (was der 40fachen Erdanziehung entspricht)
– Korrosions- und Abnutzungstests
  in reiner Sauerstoffatmosphäre

Der Ausgang dieser Tests nahm der NASA die Entscheidung ab. Nur ein Chronograph hielt dieser Behandlung stand:

Einzig die Omega Speedmaster Professional
war all den Belastungen gewachsen.

Sie war sogar unter dem Limit für die Gangabweichung geblieben, das bei 5 Sek. innerhalb von 24 Stunden lag.

Am 1. März 1965 wurde die Omega Speedmaster Professional zur offiziellen Uhr der NASA erklärt und schon am 23. März konnte sie mit den Astronauten Gus Grissom und John Young zum Erstflug in Gemini 3 starten.

Auch Ihre Argumentation muß „wasserdicht" sein

Häufig sind mangelnde Fachkenntnisse und auch eine gewissen Nachlässigkeit die Gründe dafür, daß Kunden mit ihren „garantiert wasserdichten" Uhren viel Ärger erleben.

Zwar ist mittlerweile bekannt, daß es DIN-Normen gibt, doch was es damit auf sich hat, ist hie und da noch nicht einmal in den Werkstätten Basiswissen.

Der Verband der Deutschen Uhrenindustrie hat in einem Pressemanuskript Verbraucheraufklärung betrieben – Sie sollten aber, wie wir sagen, mindestens ebenso klug sein wie Ihre Kunden:

Informieren Sie also, daß es zu unterscheiden gilt zwischen „wasserdichten Uhren" und „wasserdichten Uhren mit einer Prüfangabe", z.B. „... bar". Davon zu trennen sind Taucheruhren für Sport- und Profizwecke nach DIN 8306.

Wie Sie wissen, ist eine Uhr als „wasserdicht" zu bezeichnen, wenn sie gegen Schweiß, Wassertropfen, Regen oder beim Eintauchen bis zu einer Wassertiefe von einem Meter für die Dauer von 30 Minuten widerstandsfähig ist. Sie ist für den täglichen Gebrauch bestimmt und eignet sich nicht für ein ausgiebiges Sonnenbad mit anschließendem Sprung in das kühle Naß.

Der plötzliche Temperaturunterschied, aber auch intensive Sonnenbestrahlung sowie Hitze strapazieren das Dichtungsmaterial und können die Freude an der „Wasserdichten" schnell trüben. Trüb kann auch das Uhrglas werden, das durch plötzliche Temperaturschwankungen, Stoßbeschädigungen usw. eine Vielzahl von feinen, im einzelnen vom menschlichen Auge gar nicht zu erkennenden Haarrissen erhalten kann.

Ist die „wasserdichte Uhr" zusätzlich mit einer Angabe eines Prüfdruckes in „bar" oder mit einer entsprechenden "Meterangabe" versehen, so weisen diese Angaben auf eine höhere

DK 681.114.8.036 : 001.4 : 539.217 : 620.165.29	DEUTSCHE NORM		Juni 1983
	Wasserdichtheit von Kleinuhren Begriff Anforderungen Prüfung		**DIN** *8310*
	Water resistance of watches; definition, requirements, testing Etanchéité des montres; définition, exigences, essais	Anwendungswarnvermerk auf der letzten Seite beachten!	Vorgesehen als Ersatz für Ausgabe 09.76 und Ersatz für

DK 681.114-758.32 : 626.02 : 797.215	DEUTSCHE NORMEN		Dezember 1980
	Taucheruhren Tauchtiefen bis 100 m Sicherheitstechnische Anforderungen und Prüfung		**DIN** *8306* Teil 1
	Diver's watches; diving depths up to 100 m; safety requirements and testing Montres plongeur; profondeur jusque 100 m; éxioencés de sécurité et essais		

Druck- und Temperaturbelast-barkeit hin. Aber auch hierbei ist zu beachten, daß es sich bei diesen Druckangaben um Prüf-vorschriften handelt, die nicht als Tauchtiefen mißverstanden werden dürfen.

Völlig andere Anforderungen an die Belastbarkeit werden hingegen an die „Taucher-uhren" gestellt.

Die Käufer wissen über die Anforderungen meist sehr gut Bescheid, so daß Sie als Ver-käufer nicht lässig über Einzel-heiten hinweggehen dürfen, wollen Sie Ihre fachliche Kom-petenz nicht verlieren.

Taucheruhren müssen außer der Widerstandsfähigkeit gegenüber Wasserdruck stoßsicher und antimagnetisch sein, über einen Skaleneinstellring verfügen so-wie eine sichere Armband-befestigung haben. Funktions-sicherheit und gute Ablesbar-keit der verschiedenen Anzei-gen aus einer bestimmten Ent-fernung im Dunkeln müssen ebenfalls gegeben sein. Der mindestvorgegebene Prüfdruck beträgt hier 10 bar, was einer Tauchtiefe von 100 Metern ent-spricht. Und dies mindestens für den Gebrauch von einer Stunde täglich.

Für die Verkaufspraxis ist es empfehlenswert, ein Exemplar der entsprechenden DIN-Nor-men bereitliegen zu haben, um kritischen oder „ungläubigen" Kunden auch „schwarz auf weiß" zeigen zu können, wel-che Anforderungen an die Uhren gestellt werden können und welche nicht.

Ist diese Kette wirklich besser?

Längst ist „Echtschmuck", wie er in der Branche bezeichnet wird, keine Domäne unserer Fachgeschäfte mehr. Natürlich bieten Kaufhäuser und auch Ver-sandgeschäfte heute Schmuck aus Gold und Silber und Platin an. Und das auch in Preislagen, die noch vor wenigen Jahren keineswegs „kaufhaustypisch" waren.

Nun geht es hier nicht darum, die Gründe dafür zu finden, sondern um unsere persönliche Fähigkeit, Schmuck erfolgreich zu verkaufen.

Zunächst also wieder einige Stichworte:

Ästhetische Qualität:

Form, Design, Umsetzung der Idee in die gegenständliche Schmuckform, Anmutungsform (gefällt das Schmuckstück spon-tan?), Bezug zur bildenden Kunst (Kleinobjekt), Aufmerk-samkeitserregung (durch Form, Farbe, Materialkombination), optisches Korrektiv der Träge-rin (Schmuck als Kosmetik), materialgerechte Präsentation.

Material:

Goldfeingehalt (hohe Legie-rungen haben Vorteile: höhe-res spezifisches Gewicht, bes-sere Farbe, bessere Haltbar-keit, mehr Wert, emotional wertvoller, besserr Material-eigenschaft, reißt nicht so schnell, entsprechend inter-nationalem Standard), Qualität der Legierung (besondere Far-ben wie Blaugold, Roségold), Abriebfestigkeit.

Herstellung:

Einzelstück – Serienstück, Handarbeit (handwerkliche Qualität, Seltenheit, Einzel-stück), Fabrikationsqualität (gestanzt, Schleuderguß, ge-preßt), Auflage (Massenpro-duktion), Finish (Endbearbei-tung wie Politur usw.), Paß-genauigkeit.

Oberfläche:

Rhodiniert, anlaufgeschützt, diamantgeschnitten, platiniert, porenfrei.

Faßart:

Handgefaßt, maschinengefaßt (Gleichmäßigkeit, z. B. von Krappen), geklebt, Fassungs-material (Palladium/Nickel).

Sicherheit:

Material der Verschlüsse (Schnäpper aus Weißgold sind sicherer), Kastenschloß, Feder-ring mit Verstärkung, Sicher-heitsacht, Kettchen, Brisur-qualität.

Tragekomfort:

Anschmiegsamkeit, Fall eines Colliers, funktionsbestimmen-de Anbringung von Schlaufen und Ösen (verdeckte Schließ-mechanismen), manschetten-schonend?, Höhe von Ringen (beim Handschuhtragen!).

Service:

Pflegeservice im eigenen Haus?, Reparaturmöglichkeit in eigener Werkstatt?, Ver-längerungsmöglichkeiten bei Ketten, Schmuckpaß.

Wie sie aus den Broschüren und Prospekten Ihrer Lieferanten gute und auch überzeugende Argumentationen finden können, haben wir an einigen Beispielen auf dieser Seite verdeutlicht.

Tip: Schreiben Sie beim Lesen der Firmenunterlagen Ihnen interessant erscheinende Sätze oder auch nur Satzteile heraus – manchmal müssen Sie nur geringfügig umformulieren.

„Ketten mit hohem Feingoldanteil verändern ihre Farbe nicht – weder bei äußeren Einflüssen noch bei veränderter Hautreaktion – sie gewähren also stets die Sicherheit guten Aussehens."

„Hochwertiger Goldschmuck ist besonders angenehm auf der Haut zu tragen (paßt sich der Hauttemperatur an)."

„Der Trend zu wertvollem, natürlichem Material ist auch in der Mode deutlich spürbar, deshalb: zu hochwertiger Mode paßt nur Goldschmuck von besonders hoher Qualität."

„Hochwertige Goldketten vermitteln das Gefühl, etwas Besonderes zu besitzen."

„Diese Kette ist aufgrund des hohen Feingehaltes so gut wie verschleißfest (kein gegenseitiger Abrieb der Kettenglieder) und deshalb besonders sicher und beständig. Für einen kostbaren Anhänger z. B. sollten Sie deshalb immer eine hochwertige Kette wählen."

„Hochwertige Goldketten sind besonders hautverträglich; Verfärbungen auf der Haut oder Kleidung, wie sie bei minderwertigen Legierungen auftreten können, kommen nicht vor."

„Ketten aus hochwertigem Gold sind schwerer und fallen deshalb wesentlich besser."

„Mit dem intensiven Goldton wertvoller Ketten lassen sich wirkungsvolle Kontraste zur Kleidung erzielen."

„Hochwertige Goldketten zeichnen sich durch ihre besondere Farbbeständigkeit aus, sie haben eine sichtbar bessere Farbe, die durch und durch echt ist und keine zusätzliche Oberflächenveredelung benötigt."

„Insbesondere Ketten sind als Schmuck sehr wandlungs- und kombinationsfähig, so daß sich immer wieder neue Tragemöglichkeiten ergeben (Kette als Hals- und Armschmuck zu tragen etc.). Eine Kette aus wertvollem Gold ist deshalb eine ‚Investition', die sich lohnt."

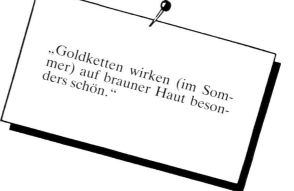

„Goldketten wirken (im Sommer) auf brauner Haut besonders schön."

Ringe gestern – Ringe heute

Wer die Wahl hat, hat die Qual! Bei der unglaublichen Auswahl attraktiver Ringkollektionen, die heute angeboten werden, wird die Entscheidung für nur einen Ring schwer.

Die Freiheit, soviele Ringe wie möglich zu tragen, hatten Ring-Liebhaber nicht zu allen Zeiten.

Am Anfang dieses Jahrhunderts schrieb die Etikette vor, daß Ringe nur nach Anlaß und der gesellschaftlichen Stellung des Trägers entsprechend gewählt werden sollten. Ein junges, unverheiratetes Mädchen durfte damals nur einen bescheidenen Ring, meist mit einem Blumenmotiv, tragen. Aber auch nur dann, wenn dieser ihr von einem nahen Verwandten geschenkt wurde. Eine Dame der „Mittelschicht" besaß meist einen oder zwei „Ausgehringe" für besondere Anlässe. Und nur die Aristokratie und der Hochadel sowie Personen aus der Theater- und Halbwelt zierten ihre Hände mit pompösen Ringen.

Dabei war es bereits im 15. Jahrhundert durchaus nicht ungewöhnlich, daß Männer und Frauen Fingerschmuck sowohl an unteren wie an oberen Fingergliedern trugen. Viele Porträts aus dieser Zeit dokumentieren, daß es sogar üblich war, Ringe an die Ärmel zu nähen, wenn für sie kein Platz mehr an den Fingern war. Man nähte sie sogar an den Hut oder an die Halskrause. Einige hängten ihre Ringe zusätzlich an einer Goldkette oder Seitenkordel um den Hals.

Auch Heinrich dem VIII. genügten seine 10 Finger nicht, um alle seine Ringe anzustecken. Eine 1530 erstellte Hof-Inventur dokumentierte: Heinrich der VIII. besaß nicht weniger als 234 Fingerringe – über die Zahl der Frauen schweigt sich die Chronik aus. Der schriftliche Kommentar eines venezianischen Botschafters hielt damals fest: des Königs Finger seien eine „Masse von steinbesetzten Goldringen".

Weshalb gerade der Ring im Brennpunkt so vieler Überlieferungen stand, mag vielleicht daran liegen, daß er sicherlich eines der ersten von primitiven Menschen entwickelten Schmuckformen ist. In einer Welt ohne Spiegel brachten Hals- und Kopfverzierungen wenig Befriedigung, da sie nur den neidischen Blicken der Mitmenschen sichtbar waren. Statt dessen erfreute sich der Besitzer, wenn er die Ringe beim Tragen selber sehen konnte, denn mit jeder Handbewegung wurde er an den persönlichen Status und die Schönheit seines Schmuckstücks erinnert.

Auch heutzutage gelten Ringe immer noch als das persönlichste Schmuckstück. Und keine Etikette hindert uns heute, die Finger ganz nach Belieben zu schmücken – einzeln oder an jedem Finger einen.

Kleine Hände, große Ringe?

Über Geschmack läßt sich bekanntlich nicht streiten, aber wenn eine Kundin schon fragt, ob ihr der Ring auch „wirklich steht", sollten Sie einige objektive Aussagen machen können:

- Langen Händen stehen große Steine. Aufwendige Fassungen und große Steine brauchen nämlich Platz, um voll zur Wirkung zu kommen.

- Wer lange, schmale Finger hat, kann gut zwei oder auch mehr Ringe nebeneinander tragen. Dabei sollte der eine Ring den anderen nicht verdecken.

- Ovale Steine im Ring machen kleine schlange Hände länger. Wer allerdings kurze, dicke Finger hat, sollte keine ovalen Steine tragen.

- Hohe Ringe zeigen viel her, sie wirken als Blickfang und sollten deshalb für sich allein und nicht mit anderen Ringen kombiniert werden.

Und weil erlaubt ist, was gefällt, kann man natürlich an jedem Finger einen Ring tragen, aber ob es wirklich gefällt, ist dann schon wieder die berühmte Geschmacksfrage.

Antworten zu Geschmacksfragen

Angesichts verschiedener Bemühungen, „Schmuck-Trends" zu kreieren, ist es immer wieder überraschend, feststellen zu müssen, welche persönlichen Geschmacksvorstellungen bei Schmuckkäufern vorhanden sind.

Aus der schon mehrfach erwähnten stern-Untersuchung ist auch die folgende Tabelle interessant.

Mehr als die Hälfte der Befragten möchte Schmuck, der zeitlos, nicht so auffällig oder gar „protzig" ist. Das Material und die harmonische Gestaltung spielen eine große Rolle, das Besondere ist ebenso gefragt, wie eine „warme Ausstrahlung".

Viele Ergebnisse von Marktuntersuchungen und Konsumentenumfragen werden in den Fachzeitschriften veröffentlicht. Lesen Sie derartige Beiträge sehr aufmerksam! Sie erfahren dadurch mehr über Ihre Kunden und – wie wir zu Beginn des Buches sagten – über Veränderungen im Konsumentenverhalten.

Persönlicher Geschmack bei Schmuck und Schmuckuhren

Eigenschaft entspricht meinem persönlichen Geschmack bei Schmuck und Schmuckuhren	Gesamtbev. 14−64 J.	Käufer oder Kaufplaner von Schmuck	Käufer oder Kaufplaner von Schmuckuhren
Fallzahl	1694	869	225
Prozentanteil	100	51	13
Potential in Mio	38.73	19.87	5.14
	%	%	%
zeitlos	54	52	59
nicht so auffällig	48	48	54
sportlich	44	44	50
wertvolles Material	42	49	67
etwas Besonderes	38	48	55
harmonisch	35	40	40
schlicht/einfach	32	28	22
warme Ausstrahlung	31	36	38
mit Steinen	28	34	26
ohne Steine	27	27	30
ruhig	26	25	24
festlich	23	26	28
kunstvolle Verarbeitung	23	29	36
ohne viel Farbe	22	23	20
jugendlich	20	23	19
extravagant	18	23	31
modisch aktuell	18	18	16
klassisch	17	21	20
alltäglich	11	8	8
lebhaft	10	11	11
auffällig	5	5	6
von bekanntem Künstler	3	4	6
bunt	3	2	1

Das Image von Gold und Silber und Platin...

Welche Vorstellung die Schmuckträgerinnen und Schmuckträger von der Symbolik und der Wirkung der einzelnen Schmuckmaterialien haben, hatte die International Gold Corporation anhand einer Befragung untersucht, bei der verschiedenen „Behauptungen" zugestimmt werden konnte:

Für unsere Verkaufsgespräche sind diese Verbraucher-Zuordnungen auch deshalb wichtiges Wissen, um nicht in der Argumentation Zuordnungen zu treffen, die dem bei der Kundin vorhandenen Image der Schmuckart gänzlich entgegengesetzt sind.

Bundesrepublik Deutschland – Das Image einzelner Schmuckwerkstoffe
(% der Personen, die zustimmend geantwortet haben)

	Gold-schmuck	Silber-schmuck	Perlen-schmuck	Mode-schmuck	Platin-schmuck
Ist in seiner Schönheit ewig	80	30	36	2	31
Ist schön, um davon zu träumen	59	15	32	1	28
Faszinierend	48	19	41	7	35
Strahlt Wärme aus	79	11	29	2	6
Gibt es in besonders schönen Entwürfen	63	37	30	15	30
Fein, vornehm	73	13	45	0	41
Fraulich	64	11	39	3	13
Nobel und exklusiv	78	22	50	0	40
Symbol des Glücklichseins	56	10	22	3	5
Symbol der Liebe	63	12	19	0	10
Ist edel und zart	54	24	31	4	10
Ein Träger romantischer Ideen	56	16	37	6	7
Modern und schick	19	37	10	67	11
Besonders originell	11	17	11	59	12
Sieht jugendlich aus	7	58	3	60	8
Sieht sportlich aus	8	61	4	43	14
Ist natürlich und lebhaft	40	36	35	10	7
Sorgt für eine festliche Stimmung	77	11	44	1	26
Macht eine Frau attraktiv	57	20	35	12	27
Ist protzig und auffällig	15	3	16	39	22
Kalt und distanzierend	6	23	14	7	59
Ist altmodisch	23	14	31	6	10

Gold, Gold, Gold

Die geheimnisvollen Eigenschaften des Goldes und sein besonderer Wert haben schon immer die Phantasie der Menschen angeregt.

In der griechischen Mythologie zum Beispiel hat Gold eine ganz besondere Bedeutung. Gold ist göttlich: die Göttin Hera sitzt auf Gold. Aphrodite gürtet sich mit Gold. Der Gott Eros schießt goldene Pfeile. Während Helios in einem goldenen Wagen fährt und auf einer goldenen Fähre schläft.

Der sagenhafte König Midas verwandelt alles, was er anfaßt, in Gold. Und Jason erobert das Goldene Vlies.

In der germanischen Sage spielt Gold eine zentrale Rolle: Bei den Nibelungen dreht sich alles um den Goldschatz.

Kein anderes Metall hat die Geschichte der Menschheit so nachhaltig beeinflußt wie das Gold: Seinetwegen wurden Kontinente entdeckt, Länder überfallen. Gold war Maßstab für Macht und Kultur zugleich.

Gold ist ein ziemlich ungewöhnliches Metall, das sich einmal durch seine Seltenheit auszeichnet. (Auf der ganzen Welt werden jährlich ca. 3,5 Mio. t Blei, 8 Mio. t Kupfer und sogar 500 Mio. t Eisen gefördert. Aber nur ungefähr 1400 t Gold.)

Gold, das göttliche Metall, wurde schon sehr früh auch für irdische Belange benutzt. Bereits im alten Ägypten waren genormte Goldringe bekannt, deren Gegenwert zum Beispiel aus Kühen oder Sklaven bestand.

Gold ist immer schon das Wertvollste gewesen, das Menschen sich vorstellen konnten. Deshalb hat Gold im Lauf der Zeit zwei wichtige Symbolfunktionen im menschlichen Leben übernommen.

Einmal ist es eine Auszeichnung für hervorragende Leistung. Die Sieger bei Olympischen Spielen zum Beispiel gewinnen Goldmedaillen. Pokale bei anderen Sportveranstaltungen sind oft aus Gold. Goldene Schallplatten werden für besonders erfolgreiche Schlager verliehen. Goldene Uhren gibt es bei langer Firmenangehörigkeit.

Zum anderen ist Gold das Symbol des wohl edelsten menschlichen Gefühls – der Liebe. Liebende schenken sich zur Verlobung goldene Verlobungsringe. Bei der Hochzeit werden goldene Eheringe ausgetauscht, in die die Vornamen und das Hochzeitsdatum eingraviert sind. In Spanien ist es Brauch, daß der Bräutigam der Braut am Morgen der Eheschließung 7 goldene Münzen schenkt.

Es war immer schon ein besonderes Zeichen der Zuneigung, ein Schmuckstück aus Gold zu schenken. Ringe, als Symbole der Verbundenheit, aber auch Kettchen, Armbänder, Schmuck zum Anstecken oder goldene Manschettenknöpfe werden oft liebevoll für den Partner ausgesucht.

Es gibt Völker, die keine Kleider kennen. Aber es gibt kein Volk, das ohne Schmuck lebt. Menschen wollen sich schmücken, wollen sich voneinander unterscheiden. Und der schönste Schmuck ist immer noch der aus echtem Gold.

So ist es immer schon gewesen. Bereits in vorägyptischer Zeit hatten die Sumerer eine hochstehende Goldschmiedekunst entwickelt, die es verstand, mit heute noch modern anmutenden Techniken Gold-Schmuckstücke von unübertrefflicher und unvergänglicher Schönheit zu schaffen.

Und die griechischen Götter auf dem Olymp hielten sich den Hephaistos – den göttlichen Goldschmied.

Doch in der Antike war Gold nicht für alle da. Nur die Vertreter der Götter auf Erden durften sich damit schmücken: die Könige, die Königsfamilien, die Priester und Priesterinnen.

Um wieviel „demokratischer" ist Gold doch heute. Goldschmuck gibt es in allen Preislagen und für jeden Geschmack. Goldschmuck gibt es zu jeder Kleidung passend.

Aber Platin ist doch teuer

Platin ist – zugegeben: mehr als jedes andere – noch ein erklärungsbedürftiges, beratungsintensives Schmuckmetall, trotz seiner vielen unvergleichlichen Vorzüge. Gerade darin liegt der Reiz, liegen die Chancen und Möglichkeiten für erfolgreiche Verkaufsgespräche:

- Sie haben ein tadelloses, über jeden Zweifel erhabenes Produkt,

- Sie haben ein Kaleidoskop stichhaltiger, überzeugender Argumente,

- Sie haben ein niveauvolles Umfeld und damit das beste Klima für die überlegene Führung von Fachdialogen.

In Ihrem Geschäft – Image und Qualifikation stehen außer Frage – gibt es keine „teure Ware", sondern nur wertvolle Produkte zu einem solide und sorgfältig kalkulierten Preis, der einen reellen und angemessenen Gegenwert zur Ware darstellt.

Für den Kunden bedeutet Platin – welches Kaufmotiv er auch immer formulieren mag – in allerhöchstem Maße

- geschmackssichere Wunscherfüllung,

- Demonstration seiner Individualität, seines Lebensstils, seiner Lebensart,

- Profilierung durch ein seltenes Prestige-Produkt,

- selbstbewußtes Bekennen zu Eleganz und Extravaganz.

„Verkaufen" Sie dem Platin-Interessenten zunächst diesen „Nutzen", dann erst das Schmuckstück seiner Wahl! Wenn der potentielle Käufer diese Nutzenvorzüge erkennt, bekommt er den richtigen Bezug, die nötige Hinstimmung zum Preis in DM.

Zeigen Sie den charakteristischen, eigenwilligen Glanz von Platin im richtigen Licht, achten Sie auf das richtige Sichtfeld für den Kunden, auf richtigen Augenabstand zwischen ihm und Ihnen: die richtige Distanz bringt Sie dem Kunden näher. Geben Sie Ihrem Gesprächspartner Platin in die Hand: seine Schwere überzeugt und bringt das Edle und Beständige seines Charakters zum Ausdruck; das Besondere ist faßbar, spürbar, beeindruckend. Sorgen Sie für den Kontrast durch geeigneten Unter- bzw. Hintergrund – lassen Sie Platin wirken, mit wenig Gesten. Verkaufen Sie Platin geistreich, nicht gestenreich!

1. Kann man Platin von Weißgold unterscheiden?

Antwort:

Auf den ersten Blick kann nur ein geschultes Auge einen Unterschied feststellen; denn Weißgold ist in der Regel rhodiniert (Rhodium ist ein Metall der Platingruppe). Nach längerer Tragezeit allerdings verändert Weißgold seine Oberfläche, auch farblich, so daß der Unterschied wesentlich deutlicher wird. Platin ist nicht „farbveredelt", sondern hat einen natürlichen (nicht nur oberflächlichen) und daher bleibenden Weißmetallcharakter. Ein gravierender Unterschied besteht im Gewicht, aber auch das Design ist unverwechselbar.

2. Warum ist Platin teurer als Weißgold?

Antwort:

- Platin ist seltener,

- es ist schwerer abzubauen und zu gewinnen (ca. 5 Monate vom Erz bis zum reinen Platinbarren).

- Platin ist anspruchsvoller in der Verarbeitung: Die Herstellung eines Schmuckstückes aus Platin erfordert hochqualifizierte Arbeitskräfte und aufwendige Arbeitsvorgänge. Weißgold ist leichter zu verarbeiten.

- Platin hat von allen Edelmetallen den höchsten Feingehalt, es wird in der Regel nur mit 5% anderen Metallen legiert. Ein Schmuckstück enthält 70% mehr reines Edelmetall als ein vergleichbares Schmuckstück aus Weißgold.

3. Was heißt Pt 950?

Antwort:

Pt ist das chemische Zeichen für Platin. 950 ist der Platinanteil von 1000 Teilen eines Schmuckstückes. Der Rest sind andere Metalle, die dem Platin zur besseren Verarbeitung beigefügt werden.

4. Welche Vorteile hat Platin beim Tragen?

Antwort:

- Bei Platin entsteht auch nach längerem Tragen eines Schmuckstückes kaum Metallverlust (kein Abspanen),

- Platin ist absolut hautverträglich und erzeugt keine Allergien,

- kostbare Steine sind in Platin sehr sicher gefaßt und bestens geschützt,

- in seiner Farbneutralität läßt Platin die Leuchtkraft des Steinmaterials optimal zur Geltung kommen.

5. Ist Platin kratzfest?

Antwort:

Nein, es gibt kein kratzfestes Edelmetall. Tragespuren treten mit der Zeit immer auf – auch bei Platin. Ein Kratzer auf einem Platinschmuckstück bedeutet allerdings keinen Materialverlust – aufgrund seiner Zähigkeit verschiebt sich Platin nur.

6. Wie sind die Trageeigenschaften von Platinschmuckstücken, die mit Gelbgold kombiniert sind?

Antwort:

Einwandfrei. Zwar können je nach Feingehalt des Goldes mehr oder weniger starke Tragespuren auftreten, doch wird beim Design möglichst darauf geachtet, daß sich Platin an den intensiver beanspruchten Stellen befindet und damit eine schützende Funktion ausübt.

Fünf Argumente für ein Schmuck-Set

1. Kombinationsmöglichkeiten

Ein Schmuck-Set, das z. B. Armband, Collier, Ohrclips und einen Ring enthält, bietet viele Möglichkeiten, durch Kombination von Set-Teilen Schmuck entsprechend der Situation, der Laune und der Kleidung zu tragen.

2. Schmucktragenwird bequemer

Die einzelnen Schmuckstücke im Set sind in Material und Gestaltung aufeinander abgestimmt. Die Frage, ob Schmuckstücke zueinander passen, stellt sich also gar nicht.

3. Erleichtert künftigen Schmuckkauf

Schmuck-Sets können durch Zukauf erweitert werden. Drei Schmuckstücke sollten zur Grundausstattung gehören. Die Ergänzung mit den möglichen anderen Schmuckstücken erleichtert eine künftige Schmuckwahl.

4. Set-Schmuck: abgestimmte Accessoires

Modische Accessoires sind in Farbe, Form und Material aufeinander abgestimmt (Handtasche, Schuhe, Schals usw.) und harmonieren mit der Kleidung. Ein Schmuck-Set unterstreicht die damit gewünschte harmonische Gesamtwirkung.

5. Regt zum Schenken an

Die Möglichkeit, ein Schmuck-Set um weitere Einzelstücke zu ergänzen, gestattet im Verkaufsgespräch den Hinweis, Ergänzungskauf als Geschenkidee zu sehen. Für Schenker und Beschenkte kann damit häufig eine dankbar aufgenommene Hilfestellung gegeben werden.

Tips für den Verkauf von hochwertigem Schmuck

1.

Der Kauf eines hochwertigen Schmuckstückes muß ein lustvolles Kauferlebnis darstellen. Für den Käufer als auch für den Empfänger ist der Erwerb eines hochwertigen Schmuckstückes ein historisches Ereignis im Leben. Dies bedingt die Atmosphäre von Vertrauenswürdigkeit, Gediegenheit sowie einer „geistigen, körperlichen und seelischen Wohltemperiertheit".

2.

Die Verkaufsperson muß Produkt-, Markt- und Sortimentskenntnis haben und eine sympathische Ausstrahlung besitzen. Sie muß eine berufliche Kapazität und eine Autorität sein. Sie muß selbst Lebensstil ausstrahlen, denn sie muß Qualität verkaufen. Und dazu gehört auch menschliche Qualität des Verkäufers, der Verkäuferin.

3.

Die Verkaufsperson sollte selbst hochwertigen und die eigene Persönlichkeit reflektierenden Schmuck tragen. Ansonsten wäre die Verkaufsperson unglaubwürdig. Denken Sie stets daran: Sie wollen höchstwertigen Schmuck verkaufen.

4.

Es ist die Anwendung einer schrittweisen Verkaufsmethode nötig, dabei ist die Qualität der Produkpräsentation besonders wichtig. Es sollen dabei nie mehr als drei bis fünf Stücke gleichzeitig gezeigt werden. Die einzige Ausnahme ist die Vorlage eines kompletten Sets.

5.

Präsentieren Sie psychologisch! Überprüfen Sie die Lichtquellen an Ihrem Verkaufsplatz. Achten Sie darauf, ob Ihr Kunde Linkshänder ist, präsentieren Sie Ihr Wunschstück an der optimalen Stelle.

6.

Entschuldigen sie sich nicht für Ihr Gewinnstreben. Wer einen teuren Schmuck erwerben will, versteht Sinn und Wert des Profitstrebens. Es ist nicht die Aufgabe der Verkaufsperson, dem Kunden sparen zu helfen.

7.

Entschuldigen sie sich nicht und niemals für den Preis. Der Preis stimmt, und zwar genau, sonst wäre er anders.

8.

Verbergen Sie sich nicht hinter den teuren und besonders hochwertigen Stücken. Es gäbe für Ihr Geschäft sonst keinen Grund, diese Stücke zu führen oder Sie (als Verkaufsperson) in diesem Geschäft zu beschäftigen.

9.

Sie müssen in der Lage sein, auch so hochwertigen Schmuck zu verkaufen, wie Sie ihn sich selbst derzeit nicht leisten können.

10.

In fast allen Fällen ist Ihnen die Kaufkraft des Kunden unbekannt. Mit der Vorlage des ersten Stückes fällen Sie ein Urteil über die Kaufkraft Ihres Kunden. Seien Sie sich stets darüber bewußt, daß eine Überschätzung der Kaufkraft nie schlimm ist, daß aber eine Unterschätzung der Kaufkraft stets eine Beleidigung Ihres Kunden darstellt. Im Zweifel wählen Sie immer das Stück einer höheren Preisklasse.

11.

Beobachten Sie stets Ihre Kunden. Achten Sie auf Aussehen, Stil und besonders auch jede Aktion und Reaktion, vor allem, wenn nach dem Preis gefragt wird.

12.

Die Kunden kaufen nicht ein kreisförmiges Stück Metall im Gewicht von 14,2 Gramm mit einem Stück Kohlenstoff im

Gewicht von 0,2 Gramm, sondern sie kaufen Vorteile und Nutzwerte. Sie müssen deshalb neben dem technischen Fachwissen auch über die Vorteile, die das jeweilige Stück bietet, und über die jeweiligen Motive und Motivationen des Kunden Bescheid wissen. Da diese Motivationen unterschiedlich sein können, ist es Ihre Aufgabe, die hauptsächlichen Beweggründe zu kennen.

13.
Sie müssen in der Lage sein, ein Schmuckstück präzise zu beschreiben.

14.
Die von Ihnen gesprochenen Sätze müssen für Ihren Kunden klar und eindeutig verständlich sein.

15.
Ihre Sätze sollten nicht länger als maximal 13 Wörter (bei Kindern maximal 8 Wörter) sein.

16.
Sie haben einen Beruf der Kommunikation und vor allem einen Beruf der rhetorischen Kommunikation. Es sollte deshalb Ihr Bestreben sein, Ihre Kommunikationsfähigkeit permanent zu verbessern. Jeder Mensch kann seine Kommunikationsfähigkeit bis zum Lebensende verbessern.

17.
Neben der rhetorischen Kommunikation, zu der auch Ihr individueller und immer ausbaufähiger Wortschatz gehört, spielen Ihre Körper- und Gebärdensprache eine wesentliche Rolle.

18.
Lesen Sie neben der Fachpresse mindestens eine Tageszeitung und eine Mode- bzw. Gesellschaftszeitschrift. Je besser Ihr Fachwissen, je besser Ihr Wissen um Mode- und Geschmacktrends, je besser Ihr Allgemeinwissen ist, desto besser sind Ihre Chancen im Beruf.

19.
Erachten Sie jedes Verkaufsgespräch als eine Selbstherausforderung. Versuchen Sie in jedem Gespräch die finanziellen Grenzen Ihres Kunden zu ermitteln. In fast allen Verkaufsakten des hochwertigen Schmuckbereichs wurde die obere Kaufkraftgrenze nicht erreicht, wie Untersuchungen ergaben.

20.
Nutzen Sie die Chance, daß besonders Männer oft in den letzten Minuten kaufen. Dabei ist für diese Kunden häufig die Tatsache des Kaufs wichtiger als die Höhe des Preises. Dabei stecken zumeist Geschenkan-

lässe im Hintergrund: Weihnachten, Geburtstag, Hochzeitstag.

21.
Schließen Sie ein Verkaufsgespräch rechtzeitig ab. Achten Sie auf Kaufsignale.

22.
Analysieren Sie Erfolg und Mißerfolg in Verkaufsgesprächen.

23.
Führen Sie Ihr eigenes „Guinnesbuch der Rekorde". Registrieren Sie Durchschnittsstück-, Spitzenpreis, Stückzahl, Monatsumsatz usw.

24.
Fragen Sie sich: Bin ich von meinem Geschäft, meinem Sortiment und mir selbst angetan, vielleicht sogar begeistert? Kann ich als Verkäufer/in meine Kunden begeistern?

25.
Der letzte Tip: Seien Sie stets freundlich und lächeln Sie.

Warum sind Diamanten so wertvoll?

Kunden formulieren meist anders: Warum sind Diamanten so teuer?

Hauptargument in Ihrem Verkaufsgespräch sollte dann die Seltenheit des Diamanten sein:

„Nur 20% aller in der Welt gewonnenen Diamanten sind von Schmuckqualität, der Rest ist nur für industrielle Zwecke geeignet. Diamanten sind überaus selten und nur unter Schwierigkeiten zu fördern. Im Durchschnitt müssen 250 Tonnen Gestein und Erdreich abgebaut und verarbeitet werden, um einen einzigen einkarätigen Diamanten zu finden."

Weitere produktkundliche Argumente sind natürlich die vier „C's".

„**Schliff** (Cut) ist nicht gleich Schliff. Erst wenn der Schliff die optimalen Proportionen aufweist, erstrahlt der Diamant in schönster Brillanz und typischem Feuer. Meister ihres Faches verstehen es, den Diamanten so zu schleifen, daß er ein Maximum des aufgenommenen Lichtes reflektiert."

„Die **Farbe** (Clarity) ist ein wichtiges Qualitätsmerkmal. Die international vereinbarte Farbskala reicht von ‚Hochfeines Weiß' bis zu ‚Getönt'. ‚Hochfeines Weiß' ist jedoch äußerst selten und deshalb kostbar."

„Ein weiteres Bewertungskriterium ist die **Reinheit** (Clarity): Ein Diamant, frei von sichtbaren Einschlüssen, ist von höchster Qualität, weil das eindringende Licht sich ungehindert bewegen kann. Auch hier gilt: reine Steine sind selten und damit wertvoll."

„Der Fachmann hat für die Reinheitsbewertung eine Gradskala, die von ‚lupenrein' bis zu ‚Einschlüsse mit bloßem Auge leicht erkenbar' reicht.

QUALITÄT.
SIE IST
BEI DIAMANTEN
SO WICHTIG
WIE BEI ALLEM,
WAS SIE
BESITZEN.

Unter ‚lupenrein' z.B. wird ein Diamant eingereiht, wenn ein geübter Betrachter durch eine 10fache Lupe keine inneren Merkmale erkennen kann."

„Das **Gewicht** (Carat) ist das sichtbarste Kriterium, das den Wert eines Diamanten bestimmt. International einheitlich wird das Gewicht des Diamanten in Carat gemessen: 1 Carat entspricht 2 Gramm." [0,2]

„Diese Qualitätsmerkmale des Diamanten sind preisbestimmend. Sie können aber nicht einzeln, sondern müssen in ihrer Gesamtheit berücksichtigt werden. Diese Beurteilung erfordert großes Fachwissen. Deshalb ist der Kauf von Diamantschmuck in hohem Maße Vertrauenssache. Dem Fachgeschäft kann man dieses Vertrauen entgegenbringen."

Der Diamantschmuckverkauf erfordert, neben gründlicher Produktkenntnis, vor allem auch viel Einfühlungsvermögen, da sowohl Kaufmotive als auch Verkaufsargumente überwiegend im emotionalen Bereich liegen.

Über den Diamant-Verkaufsförderungs-Dienst von De Beers steht Ihnen dazu ausführliches Informations- und Schulungsmaterial zur Verfügung.

Ist der Stein auch wirklich echt?

Das Reich der Edelsteine ist vielfältig wie die Natur selbst. Etwa 40 verschiedene Minerale (und Abarten) werden für Schmuckzwecke als geeignet angesehen. Aber allein die Kenntnis der etwa 20 besonders beliebten Edelsteine setzt großes Wissen voraus, soll man Echtheit und Wert bestimmen.

Für den Kunden sind Form und Farbe, Größe und Seltenheit auf den ersten Blick scheinbar prüfbare, leicht zu bestimmende Faktoren. Der Fachmann aber beginnt die Bewertung schon bei der Farbe, die in dieser Steinart sehr intensiv sein muß, in jener aber nur bis zu einer gewissen Grenze gehen darf. Während manche Steine nur dann von hoher Qualität sind, wenn sie keine Natureinschlüsse aufweisen, ist bei anderen eben dieses Merkmal ein wichtiger Echtheitsbeweis. Ein große Rolle spielt auch die Härte: je weicher ein Stein, desto weniger ist er für Schmuckzwecke geeignet.

Für den Laien ist es also unmöglich, einen Edelstein auf Echtheit hin zu untersuchen und den genauen Wert zu bestimmen. Auch der Fachmann ist heute auf technische Hilfsmittel bei der Echtheitsbestimmung angewiesen. Lupe, Mikroskop, ja sogar Röntgengeräte werden dazu verwendet.

Unabhängig von der fachlich korrekten Erklärung der einzelnen Steinarten und Varietäten sind zunächst einige grundlegende Erläuterungen im Verkaufsgespräch notwendig und wichtig:

Die Bewertungsfaktoren

„Farbe, Reinheit, Schliff und Gewicht sind – neben der Seltenheit – die Faktoren, die für die Bewertung von Edelsteinen wichtig sind. Je nach Steinart sind jedoch einmal die Farbe, dann wieder die Reinheit und oft auch Härte und Gewicht ausschlaggebend."

„Die **Farbe** der Edelsteine ist, je nach Intensität, für die Lichtwirkung und damit die Schönheit mitverantwortlich. Während aber beim Aquamarin z. B. eine möglichst intensive stahlblaue Färbung gefordert wird, ist bei Rubin, Saphir und Turmalin ein Farboptimum gegeben, das nicht überschritten werden darf, soll der Edelstein nicht dunkel und leblos wirken. Edelsteine gleicher Mineralart werden oft durch die Seltenheit oder Häufigkeit bestimmter Farben kostbarer oder sind weniger begehrt. Der Smaragd und der Aquamarin z. B. gehören beide zu der Mineralart Beryll. Durch den Chromgehalt ist die Varietät, die wir Smaragd nennen, grün gefärbt, die mit dem Namen Aquamarin durch Eisengehalt blau. Die Farbe ist also auch Kriterium für den Edelsteinnamen ein- und desselben Minerals."

„Die **Reinheit** der farbigen Edelsteine ist ein Faktor unterschiedlicher Bedeutung. Es wäre vermessen, wollte man die Natur kritisieren und sagen, ein Stein mit Einschlüssen sei weniger vollkommen als einer ohne Einschlüsse. Es gibt sogar Steine, die nie (Smaragd) oder selten (Rubin) ohne Einschlüsse vorkommen. Die Bewertung der Einschlüsse ist deshalb zum größten Teil ein Mittel, um den Handelswert bestimmen zu können, da eben Steine ohne innere Einschlüsse seltener sind. Für die Echtheitsbestimmung dagegen spielen Einschlüsse eine größere Rolle. Je nach Art und Gestalt, Lage und Farbe kann der Fachmann an den Einschlüssen erkennen, ob der Stein echt ist oder nicht. Oft kann auch daran der Fundort festgestellt werden."

„Die Minerale, die durch ihre Schönheit oder durch ihre Farbe zu Schmuckzwecken verwendet werden, sind von unterschiedlicher **Härte.** Man ordnet die Edelsteine in eine Skala ein, die von 1 bis 10 reicht. Die höchste Härtenummer hat der Diamant (10). Wichtig ist zu wissen, daß ein Stein mit einer höheren Härtenummer einen anderen mit einer niedrigeren Härtenummer ritzen kann. Aus diesem Grunde sollte Schmuck mit Edelsteinen unterschiedlicher Härtegrade nicht zusammen aufbewahrt werden, wenn nicht Watte oder Seidentücher die Schmuckstücke trennen."

„Das **Gewicht** der Edelsteine wird überwiegend in Karat (Kt.) angegeben, doch sind bei verschiedenen Steinen auch Grammangaben gebräuchlich. Ein Karat entspricht 0,2

Gramm. – Für den Fachmann ist das spezifische Gewicht eines Edelsteines ein wesentliches Hilfsmittel zur Echtheitsbestimmung.

Synthetische Steine

„Schon früh begann der Mensch mit Versuchen, Edelsteine (deren chemische Zusammensetzung ja bekannt ist) in der Retorte zu züchten. In den vergangenen Jahren aber wird gelegentlich von synthetischen Edelsteinen im Zusammenhang mit Schmuck gesprochen. Zunächst: diese Steine entsprechen in ihrer chemischen und physikalischen Zusammensetzung den echten Steinen, wurden aber künstlich hergestellt. Sie können auch vom Fachmann nicht immer auf den ersten Blick erkannt werden. Mit Hilfe entsprechender Hilfsmittel ist ihm jedoch eine genaue Bestimmung möglich."

„Um einen international einheitlichen Maßstab für die Bewertung und Bezeichnung der Edelsteine zu schaffen, wurden Begriffsbestimmungen und Bezeichnungsvorschriften erarbeitet, die international anerkannt werden. Auch unser Haus arbeitet nach dieser Vereinbarung."

Werden von den Kunden häufig als „Sicherheitsgarantie" betrachtet: Zertifikate, Expertisen oder Gutachten. Derartige Papiere sollte das Fachgeschäft ausstellen – nicht ein anonymes Institut, weil damit die Fachkompetenz auf eben dieses Institut verlagert wird.

Der Stein, der nie betrunken macht...

Auch heute noch werden Edelsteinen geheimnisvolle Kräfte zugeschrieben oder den verschiedenen Sternzeichen „passende" Steine zugeordnet. Für Ihre Verkaufsgespräche also noch ein wenig „Hintergrund":

So galt der **Diamant** als Symbol für unvergängliche Reinheit und Schönheit. Vielleicht wird er auch deshalb wieder mehr und mehr in Verlobungsringen und Broschen bevorzugt?

Sinnbild des pulsierenden Lebens ist der **Rubin,** der einer altindischen Sage nach aus einem Tropfen Herzblut der Mutter Erde entstanden ist. Eine andere Überlieferung spricht von diesem Stein als „Liebesstein", dessen Besitz eine lange und tiefe Liebe sichert.

In der Antike galt der **Saphir** als heiliger Stein, der dem Menschen alle guten, tugendhaften Eigenschaften verleiht. In Ägypten und Rom wurde der Saphir von den Priestern als Stein der Gerechtigkeit getragen.

Der Besitz eines **Smaragdes** soll Aufnahmefähigkeit und Gefühlstiefe verstärken, ungewöhnlichen Reichtum und Ruhm bringen und eine wohltuenden Einfluß auf die Augen haben.

Das Meer hat dem **Aquamarin** den Namen gegeben: aqua = Wasser und marin = Meer. Der Aquamarin galt früher als Lieblingsstein junger Mädchen und Frauen, da er, wie man sagte, tiefe Liebe und Glück in der Ehe verheißt.

Der **Topas** war schon den Indern, Ägyptern, Griechen und Römern bekannt. Der Sage nach gehörte der Topas zu den 12 Steinen im Brustpanzer des Hohen Priesters von Jerusalem und galt als „heiliger Stein".

Erst seit dem 18. Jahrhundert ist der **Turmalin** bei uns bekannt. Auf Ceylon wurde er früher „turamali" genannt, das heißt Aschenzieher. Der Turmalin wird, wenn man ihn reibt, elektrisch aufgeladen und kann dann Asche oder kleine Papierschnitzel anziehen. Der Stein soll beliebt machen und wertvolle Freundschaften vermitteln.

Nach alter indischer Darstellung war der **Zirkon** früher in mythischen Drachen zu finden und soll für die Mond- und Sonnenfinsternis verantwortlich gewesen sein. Später wurde ihm nachgesagt, er zeige nahendes Unglück durch Farbveränderungen an.

Beinahe nicht aufzuzählende Kräfte werden dem **Granat** zugeschrieben. Im Mittelalter wurde der rote Granat Karfunkelstein genannt. Die Kreuzritter trugen ihn als Schutz gegen Verwundung und Gifte. Der Granat soll auch Krankheiten des Blutes verhindern, Stärke, Selbstvertrauen und Energie verleihen.

Aus dem Griechischen kommt der Name **Amethyst.** Er bedeutet soviel wie „nie betrunken". Der Amethyst galt als Schutz gegen Trunkenheit, Wein wurde deshalb oft in Amethystbechern serviert. Wie kaum sonst ein Stein galt er aber auch als Symbol weiser Herrschaft. Kirchenfürsten tragen noch heute als Zeichen ihrer Würde einen Ring mit einem Amethyst.

Der **Opal** galt als Stein, der Hellsichtigkeit verleiht. Vielleicht wurde er deshalb auch als unglücksbringend angesehen. Im Mittelalter war er als Allheilmittel gegen Augenkrankheiten beliebt.

Der **Türkis,** der vor über 1000 Jahren aus persischen Fundstätten über die Türkei zu uns kam und als Talisman der in den Orient reisenden Kaufleute galt, soll Unerschrockenheit und Furchtlosigkeit verleihen und Unschuld und Tugend bewahren.

Die Ägypter nannten den **Lapislazuli** „Stein des Himmels", schnitten aus ihm Skarabäen (Nachbildungen von Mistkäfern) und gaben diese ihren Toten mit in die Grabkammern. Der Lapislazuli soll Fieber vertreiben und das Augenlicht stärken.

Der silbrig-seidene Schimmer des **Mondsteines** soll geheimnisvolle Kräfte besitzen. Sein „Magnetismus" zieht, so glaubte man früher, das Gute an, stößt das Böse ab und schenkt Körper und Seele höchste Reinheit.

Jade ist seit Jahrtausenden der heilige Stein der Chinesen, war aber auch den Ägyptern schon um das Jahr 5000 v. Chr. bekannt. Er diente früher wegen seiner Zähigkeit und Härte zur Herstellung von Beilen, Speerspitzen und Messern. Im Osten ist Jade Talisman für langes Leben, in Mexiko wird er als Heilmittel für Nierenleiden geschätzt.

Es ist nicht bekannt, inwieweit Edelsteine auch heute noch als Amulette oder Talismane getragen und verehrt werden. Sicher aber ist das Wissen um die geheimnisvollen Kräfte, die den Steinen früher zugeschrieben wurden, für viele Edelsteinkäufer eine wertvolle und interessante Bereicherung des Wissens um die Kostbarkeit des Minerals.

Juwelen aus dem Meer sind kostbar

„Das Schöne an Perlen ist, daß sie die Aufmerksamkeit auf die Trägerin des Schmucks lenken, nicht auf sich selbst. Perlen reflektieren Farben in einer einzigartigen sanften Weise auf Hals und Hände."

„Den unvergleichlichen Lüster der Juwelen des Meeres wird man nur bei den Perlen finden, die, einerlei ob Natur- oder Zuchtperle, in der lebenden Auster organisch gewachsen sind."

„Zucht- und Naturperlen sind ein Produkt der Schönheit und der Geheimnisse des Meeres. Nur Perlen, die in lebenden Austern erzeugt werden, besitzen das schimmernde Leuchten und den Glanz echter Kostbarkeiten."

Dies sind natürlich nur einige Argumente. Sammeln Sie aus den Ihnen von Ihren Perlen-Lieferanten zur Verfügung gestellten Broschüren und Prospekten weitere sachliche wie „stimmungsvolle" Argumente. Dann wird Ihr Verkaufsgespräch auch bei diesem Sortimentsbereich spannender, inhaltsreicher und damit überzeugender.

Um Perlen, die zu den ältesten bekannten Schmuckstücken gehören, ranken sich viele Legenden, die oft weit in das Dunkel der Geschichte zurückgehen. Wer, oft durch Zufall, in den Besitz von Perlen gelangte, dem winkten Glück, Liebe und Erfolg bei allen Unternehmungen.

Bei den alten Griechen bedeutete das Wort für Perlen soviel wie „vollkommene Reinheit", und bei den Römern wurde es gleichgesetzt mit Anmut und Wohlgefallen. Aus indischen Legenden und bildlichen Darstellungen geht hervor, daß man dort Perlen als magischen Zauber benutzte; in einigen

sehr alten Erzählungen wird beschrieben, wie die Priester auf der Suche nach Erleuchtung eine „Talisman-Perle" auf der flachen Hand hielten.

Ebenfalls auf indischen Malereien finden wir Krieger, die in die Schlacht ziehen und Schilde tragen, die mit Perlen besetzt sind, solcherart den Träger vor Schaden bewahrend. Eine andere Darstellung wiederum zeigt eine schöne indische Prinzessin, wie sie sich ein Halsband aus Perlen fertigt, die sie zuvor an einer Bambuspflanze gefunden hatte – diese Pflanze aber wuchs nur dort, wo die Götter einhergeschritten waren...

In Indien kannte man auch die „Perlen der Liebe", ebenso wie in Persien, wo Alexander der Große von seiner Braut Roxane mit unvorstellbar schönen Perlen beschenkt wurde. Als Alexander und seine Mannen Perlen nach Griechenland schickten, löste ihre Schönheit in Europa einen wahren „Perlen-Taumel" aus.

Man weiß auch, daß in früheren Zeiten grünen Perlen zugeschrieben wurde, sie wären Glücksbringer. Ob damit wohl das große Interesse zu erklären ist, das heute Perlen in jenem eigenartigen Grün finden, das man als „Pflanzengrün" bezeichnet?

Die wohl bekannteste Legende ist jene von Cleopatra, die zwei kostbare Perlen in Wein auflöste und hernach Mark Anton als Liebesgetränk gereicht haben soll. Daß Perlen als Schmuck in Ägypten in hohem Ansehen standen – und auch

entsprechend wertvoll waren –, geht aus den Funden hervor, die in den Pharaonengräbern gemacht wurden. Ob aber Cleopatra tatsächlich die beiden Perlen auflösen konnte, wird im Licht moderner wissenschaftlicher Forschung zu bezweifeln sein: selbst bei Ver-

wendung einer scharfen Säurelösung würde es etwa fünf Tage dauern, bis sich eine Perle vollständig auflöst. Immerhin, es ist eine hübsche Geschichte, die zeigt, wie geschätzt Perlen waren und welche (Liebes-) Wunder man sich von ihnen versprach.

Was sind denn Wohnraumuhren heute?

So wie Sie beim Verkaufen und Beraten von Armbanduhren oder Schmuck zur persönlichen Modeberaterin oder zum Modeberater der Kunden werden, sind Sie beim Verkaufen von Wohnraumuhren schon beinahe als Einrichtungsberater gefragt. Denn Uhren für den Wohn- oder auch Arbeitsraum sind ja nicht lediglich Zeitanzeigeinstrumente, sondern haben zunächst schmückende Funktion.

Sowohl bei der Kundenwunschermittlung als auch in der Produktbeschreibung können wir die vielseitigen und auch vielfältigen Nutzenaspekte der Wohnraumuhren verbal verdeutlichen.

Wohnraumuhren sind:
- Blickfang
- Blickpunkt
- Farbkontrast
- Materialkontrast
- Bild
- Stilelement
- Skulptur
- Statussymbol
- Traditionszeichen
- Wertanlage

Farbe, Material, Form, Verarbeitung können zunächst die Einordnung bestimmen. Wichtig ist aber auch vor allem der Standort (richtiger: der Platz an dem die Uhr hängt).

Es ist deshalb zweckmäßig, zu Beginn der Kundenberatung die künftige Umgebung der Uhr zu ermitteln. Da nur in den wenigsten Fällen Kunden mit Fotos ihrer Wohnung zu uns kommen und entsprechendes Nachfragen nicht immer klare Ergebnisse bringt (der Kunde bezeichnet die Einrichtung als altdeutsch, die Kundin erklärt, es sei mehr rustikal), hat es sich als vorteilhaft erwiesen, eine Mappe mit Prospekten unterschiedlicher Einrichtungsstile anzulegen, um bei Zweifelsfragen anhand dieser bildlichen Darstellungen eine bessere Vorstellung zu bekommen.

Blättern Sie also in den beschriebenen Fällen Ihre Bildmappe durch. Damit beweisen Sie gleichzeitig, daß Sie sich mit den gegenwärtigen Wohnstilen vertraut gemacht haben.

Warum werden Wohnraumuhren gekauft?

Weit mehr als die Hälfte der befragten Verbraucher einer repräsentativen Untersuchung haben überaus deutlich zu verstehen gegeben, daß der wesentliche Entscheidungsgrund beim Kauf der letzten Wohnraumruhe die äußere Gestaltung der Uhr war. Nicht die Funktion, nicht technische Aspekte, nicht Material und nicht der Preis sind entscheidend, sondern das Design, die raumgestaltende Wirkung.

Der Psychologe sagt: „Die Uhr wird mit dem Auge gekauft" (Design, emotional, wenn sie zur Erlebniswelt des Käufers paßt) und zunehmend auch spontan (also nicht geplant). Diesen Erkenntnissen müssen sich Großuhren-Präsentation und Großuhren-Verkauf im Fachgeschäft unterordnen.

Das Design als kaufentscheidender Impuls gewinnt für eine wachsende Zahl von Spontankäufern ständig an Gewicht. Deshalb ist es auch nicht die traditionelle Uhr, sondern neue Designs und ungewohnte Optik, die spontane Aufmerksamkeit erregen.

Käuferaussagen zu den wichtigsten Entscheidungskriterien für den Kauf einer Wohnraumuhr	
Mehrfachnennung möglich	
1. Äußere Gestaltung der Uhr	**2. Funktionalität/Technik**
Formgebung, Aussehen, Design 51%	Zuverlässigkeit, Genauigkeit 13%
Muß zum Einrichtungsstil passen 43%	Batteriebetrieb, einfacher Wechsel 5%
Wollte dekorative Uhr Sollte den Raum schmücken 7%	Übersichtliches Zifferblatt, gut lesbare Zahlen 5%
	Geräuschlosigkeit, schönes Schlagwerk, keine Quarzuhr, gute Verarbeitung, etc. unter 3%

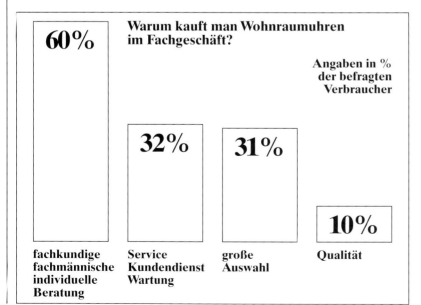

Warum kauft man Wohnraumuhren im Fachgeschäft?

Angaben in % der befragten Verbraucher

60% fachkundige fachmännische individuelle Beratung

32% Service Kundendienst Wartung

31% große Auswahl

10% Qualität

Immer mehr Uhrenkäufer kaufen „mit dem Auge". Für sie ist das Design, das zu ihnen, zu ihrem Lebens- und Wohnstil paßt, wichtiger als Funktionalität.

Wer seinen Kunden fachkundige, individuelle Beratung, Service, Auswahl und Markenqualität signalisiert, der hat auch in Zukunft als Fachgeschäft gute Chancen. Die Großuhr, als beratungs- und serviceintensives Produkt, eignet sich besonders gut, diese Fachhandelskompetenz zu demonstrieren.

Nach einer Marktuntersuchung, die von der Junghans-Uhrenfabrik in Auftrag gegeben wurde, sind die besten Verkaufserfolge dort erzielt worden, wo der Fachhandel auf die strenge Stil-Orientierung achtete und passende Stilmotive zu den Uhren dekorierte.

Im Rahmen einer derartigen Wohnraumuhren - Präsentation wird ein Verkaufsgespräch erlebnisreicher und damit auch erfolgreicher.

Aktuelles und modernes Design im Wohnraum wird keineswegs nur von jüngeren Käuferschichten gewünscht. Es stellt an das Uhrendesign neue Anforderungen.

Exklusives, repräsentatives Wohnen ist eine Stilrichtung mit wachsender Nachfrage für individuelle und hochwertige Uhren.

Wohnküchen und Essensbereiche im Landhausstil erfordern Accessoires, die den Räumen eine individuelle, persönliche Note verleihen.

Fotos: Junghans

Tischkultur im Fachgeschäft?

Noch heute ißt etwa die Hälfte der Menschheit mit den Fingern, ein Drittel bedient sich der Stäbchen und nur der sechste Teil aller derzeit Lebenden benutzt das bei uns übliche Besteck – Messer, Gabel und Löffel. Die Gabel kam übrigens als letztes Gerät in Gebrauch.

Die lebensnotwendigen Tätigkeiten, die der Mensch im Zusammenhang mit der Ernährung zu leisten hatte, sind das Trennen und das Aufnehmen. Dazu bediente er sich natürlicher Geräte, wie Fruchtschalen und Muscheln. Messer kennen wir etwa seit der Bronzezeit, bei Tisch wurden sie jedoch erst viel später benutzt. Noch die Griechen und Römer ließen die Speisen in den Küchen mundgerecht zerkleinern und dann auftragen. Löffel, mit dünnem Griff und ovaler Laffe, waren schon im Gebrauch.

Im Mittelalter gehörten die Eßgeräte, Messer und Löffel, zum persönlichen Besitz, den man zum gemeinsamen Essen mitbrachte. Nach Gebrauch steckte man das Messer in den Köcher, den man am Gürtel trug, daher der Name „Besteck", von „beistecken".

Zwar waren auch schon im 15. und 16. Jahrhundert große zweizinkige Gabeln bekannt, man benutzte sie jedoch nicht zum Essen, sondern zum Zerlegen (Tranchieren) von Fleisch. Der heute übliche Gebrauch der Gabel kam über den Orient, Italien und Frankreich zu uns. Das Gerät wurde zunächst verspottet und als unnatürlich empfunden und setzte sich erst im 18. Jahrhundert richtig durch.

Im Laufe der Jahrhunderte hat das Besteck in der Form vielfältige Wandlungen erfahren: das Messer verlor seine Spitze, da es ja nicht mehr zum Aufspießen der Speisen dienen mußte; die Gabel, erst dreizinkig, dann vierzinkig, vervollständigte die Garnitur. Dem Zeitgeist entsprechend haben die Besteckformen sich auch den Stilrichtungen angepaßt und versinnbildlichten den jeweiligen Stand von Kunst und Kultur.

Aus den früheren Tischzuchten haben sich im Laufe der Jahre Tischsitten entwickelt, die nach wie vor gültig sind. So gibt es durchaus „Regeln" vom richtig gedeckten Tisch, die zu wissen, für den erfolgreichen Besteckverkauf unerläßlich sind.

Heute sind Bestecke und Tischgerät meist „familienorientiert" und „Besitz der Frau" zugleich. Frauen sprechen zwar von „unserer Wohnung", aber häufig von „meinem Besteck", „meinem Silber", „meinem Porzellan". Entschließen sie sich zum Kauf eines neuen Bestecks, so haben sie sich in aller Regel vorinformiert. Das neue Besteck soll zum Geschirr passen, formal gefallen. Zwar ist dann schon eine gewisse Vorwahl getroffen, doch schließt das keineswegs aus, neben dem gewünschten Modell auch noch ein zweites in Griffweite der Vorlage zu haben oder an der Besteckwand zu zeigen.

Wichtig ist jedoch: sobald ein Modell in die nähere Wahl gezogen wird, sollten Sie der Kundin (und dem Begleiter oder der Begleiterin) die Möglichkeit geben, das Besteck auch zu „probieren".

Zweckmäßig ist es, in der Besteckabteilung eine Tischfläche so einzurichten, daß Sie der Kundin einen Stuhl anbieten und ein Gedeck präsentieren können.

Dazu sollten Sie, auf einer weißen Tischdecke, wenigstens ein Tellerset (evtl. mit Platzteller) und eine Serviette vorbereitet haben. Dazu legen Sie dann die Hauptbesteckteile und bitten die Kundin, sitzend, mit dem Besteck zu hantieren. Bestecke, die man stehend probiert, liegen ganz anders in der Hand als im Sitzen. Und: auch hier spielt die Atmosphäre eine große Rolle. An einem „gedeckten Tisch" zu sitzen und ein neues Besteck in der Hand zu halten, ist schon der Anfang des Besitzergreifens.

Dazu einige Ratschläge aus dem „Besteckberatungs-Buch" der WMF, das als „Leitfaden für den erfolgreichen Besteckverkauf im Fachhandel" geschrieben worden war:

Komplettbesteck

Hat Ihr Kunde sich erst einmal für ein Besteckmodell entschieden, dann gilt es für Sie, das Verkaufsgespräch über den

Umfang der Besteckausstattung fortzuführen. Dabei sollten Sie z. B. folgende Punkte im Gespräch anklingen lassen:

● den Lebensstil des Kunden
● seine häusliche Einrichtung
● die zu berücksichtigende Personenzahl
● die überwiegenden Eßgewohnheiten
● seine finanziellen Möglichkeiten

Grundausstattung oder komplette Besteckgarnitur?

Nun gibt es zwei Möglichkeiten für Sie: Entweder Sie empfehlen dem Kunden eine komplette Besteckgarnitur (35-, 40- oder 72teilig) oder aber eine 24teilige Grundausstattung mit einigen, je nach Kundenbedürfnis, zusammengestellten Servierteilen.

Die komplette Besteckgarnitur hat für den Kunden den Vorteil, daß er gleich zu seinem neuen Besteck die notwendigen Servierteile hat. Zugleich ist diese Anschaffung aber mit höheren finanziellen Ausgaben verbunden.

Anders verhält es sich bei einer 24teiligen Grundausstattung. Der Kunde kann Schritt für Schritt, je nach Wunsch und finanzieller Möglichkeit, sein neues Besteck vervollständigen. Und Sie als Verkäuferin haben die Chance, ihm dafür eine etwas teurere 24teilige Garnitur zu verkaufen.

Ein festlich gedeckter Tisch: für wie viele Gänge? Was ißt man womit? Welche Ergänzungsteile wären als künftige Geschenke zu empfehlen? Kundenfragen, auf die Sie antworten müssen!

In dieser Situation ist es außerdem sehr leicht, durch Hinzulegen von passenden Ergänzungsteilen den Zusatzverkauf (oder einen Ergänzungsverkauf) vorzubereiten.

Servierteile

Der Verkauf von Servierteilen bietet noch ungeahnte Möglichkeiten der Umsatzsteigerung für Ihr Geschäft. Deshalb sollten Sie die Gelegenheit nutzen, Ihren Kunden Servierteile vorzustellen. Am besten in Verbindung mit dem Besteckverkauf.

Scheuen Sie sich nicht, auf die Vielfalt der möglichen Servierteile hinzuweisen und legen Sie Ihren Kunden auch gleich eine

kleine Auswahl vor, am besten zuerst die Dutzendteile. Viele Kunden werden dabei erst auf die Notwendigkeit passender Servierteile aufmerksam oder daran erinnert.

Zusatzangebote

Im Rahmen eines Besteck-Verkaufsgesprächs gibt es viele Anknüpfungsmöglichkeiten, den Kunden auf weitere Artikel Ihres Sortiments aufmerksam zu machen. Hier seien einige Beispiele genannt:

● **Für die übersichtliche und pflegliche Aufbewahrung**
Besteck-Kassetten oder -Truhen, Besteckhalter zum Selbsteinbau, Filztücher mit Anlaufschutz und Purargan®-Pflegemittel für alle Bestecke.

● **Besteck-Gravuren mit den Initialen des Kunden**
vor allem für echtsilberne und versilberte Bestecke, womit die Besteckausstattung an Individualität gewinnt und besonders wertvoll wird.

● **Nützliches für den schön gedeckten Tisch**
Messerbänkchen · Serviettenringe (neutral oder zum Stil-Besteck passend) · Eierlöffel · Platzteller · Leuchter · andere Tafel- und Ziergeräte.

Es gibt so viele Möglichkeiten, und für jeden Fall ist sicher eine besonders geeignete vorhanden, um den Kunden an ein zusätzliches Angebot heranzuführen.

Formen und Stile

Ein Thema, mit dem wir uns in diesem Buch nur in knapper Form befassen können, ist die Stilkunde.

Anhand der Abbildungen und Beschreibungen haben wir die neun „klassischen" Stilrichtungen und -epochen skizziert.

Wenn Sie in Ihrem Geschäft dem Bereich Alte Uhren – Alter Schmuck größere Aufmerksamkeit schenken wollen, werden Sie allerdings um viel Lernen nicht herumkommen.

Die Romantik (ca. 800–1200)

Am klarsten zeigt sich der romantische Stil in der Baukunst. Mächtige Vierkant-Pfeiler oder starke Säulen mit Würfel verdrängten um 800 die schlankeren Säulen mit den zierlichen korinthischen Kapitellen der überfeinerten Spätantike.

Die Gotik (1200–1500)

Das entscheidende dieses Stils, die Betonung des Senkrechten und das Kraftvolle nach oben strebende aller Linien, wirkte sich auch auf die Konstruktion der Uhren aus. Die ältesten mechanischen Uhren (Türmchenuhren, Wand- und Stubenuhren) waren im spätgotischen Stil erbaut. Das ornamentale Beiwerk war (1450 bis 1500) anfangs spärlich, mit zunehmender Verfeinerung umfaßte es Kelchkapitelle, Strebebögen, Fialen, Kreuzblumen und ähnliches Beiwerk, wie wir es heute in größeren Dimensio-

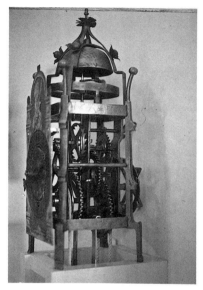

Gotische schmiedeeiserne Uhr aus der Mittelschweiz (Sammlung Wellenberger, Winterthur).

nen an gotischen Kathedralen noch sehen. Gotische Uhren zeigen im Aufbau ihrer Uhrwerke entweder Prismenform oder Flachrahmen-Bauweise. Das Vertikale war bei den Großuhren bis in letzter Konsequenz betont. Auch die Spitzbögen, die gotischen Pfeiler, sind kennzeichnend für die Epoche.

Die Renaissance (1480–1580)

Sie brachte die Abkehr von der „Barbarei der Goten", wie man in Italien sagte. Man entdeckte wieder die Antike auf dem Gebiet der Kunst, Literatur, der Wissenschaft und begeisterte sich für ihre Gesetze und Ausdrucksformen. Der „goldene Schnitt" galt als Inbegriff für Harmonie. Der Stilbegriff variierte in den verschiedenen Ländern. Seine Grundzüge waren Klarheit und Harmonie, Betonung der Horizontalen und Breite sowie viereckige Formen. Typisch für die Renaissance sind die süddeutschen Türmchenuhren in ihrer reichen Ausstattung und die Tischuhren, die alle Elemente des Stils aufzeigen (Voluten, Akanthusranken, Rosetten, Kartuschen).

Astronomische Renaissance-Uhr mit Figurenspielwerk von Paulus Schuster (Augsburg).

Neben dem Gehäuse wurden auch die Zifferblätter und Uhrwerksplatinen nach italienischem Vorbild reich verziert mit floralen Ornamenten, Rauten oder auch Tieren und Maskerons (Fratzengesichter) oder Darstellungen der Astro-

Renaissance, Mitte des 16. Jahrhunderts.

nomie. Man kann die Uhren dieser Epoche nach der Art des Aufbaus gut unterscheiden: halbkugelförmig, niedrig gewölbt oder türmchenartig über Balustern mit Kugelfüßen, Gesimsköpfen und kleine Eckürmchen.

Das Barock (1650—1720)

Das Wort „Barock" stammt aus dem italienischen barocco und bedeutete dort etwas Sonderbares, Verschrobenes. Ursprünglich verächtlich gemeint, bezeichnet es den Stil des ausgehenden 17. Jahrhunderts. Hatte die Renaissance noch etwas Sprödes, Geradliniges, Rechtwinkeliges, so wurden die Formen weicher und quellender. Alles schwingt, betont Kraftpunkte und spielt mit Licht und Schatten. Der Schmuck ist üppig, das Ornament lebt. Gewundene Seiten, geschwungene Voluten, weit ausladende Gesimse zeichnen

diesen Stil auch bei den Uhren aus. Bei den Taschenuhren bildete sich die vollkommene Eiform aus. Minuten- und Sekundenzeiger kamen in der Barockzeit zur allgemeinen Anwendung. In der Zeit wurde die Emaille-Technik sehr beliebt, ebenso wie die reichen

Barocke Krönungsuhr aus Prag.

Gravierungen in Verbindung mit Treibarbeiten, Ätzungen und Ziselierungen der Gehäuse.

Das Rokoko (1720–1790)

Das Rokoko wird als Endphase und teils als Auflösung des Barocks gesehen. Es verwandelt seine Schwere und sein

Rokokko-Prunkuhr aus Frankreich (Louis XV.).

Pathos in Leichtigkeit, Grazie, Anmut. Hauptornament und Leitmotiv des Rokokos ist die Rocaille (Muschelform), die viel für Gehäuse von Groß- und Kleinuhren angewandt wurde. Heitere, zarte Farben und geschwungene Formen stehen im Vordergrund. Das

Rokoko-Zeitalter, dessen oberstes Gebot „Esprit" und „Grazie" hieß, war reich an technischen Erfindungen in der Uhrmacherei, die nun gestattete, die Taschenuhr flacher zu bauen. Die Form änderte sich von der „Zwiebel" zur „Schale", zu Kapsel.

Der Klassizismus (1770–1820)

Diese Kunstrichtung orientierte sich an den Vorbildern der klassischen Antike und an deren idealer Strenge und Ruhe. Schon Mitte des 18. Jahrhunderts gab es in Frankreich eine klassizistische Richtung, die die Ausschweifungen, den Leichtsinn und die Fröhlichkeit des Rokoko verwarf und die bewegten Ornamente als

Astronomische Uhr in klassizistischer Tempelform.

geschmacklos empfand. So hatten dementsprechend die Uhren auch schlichtere Formen und das verspielte Dekor verschwand.

Das Empire (1795–1830)

Empire (Kaiserreich) ist der Stil der Zeit Napoleons und Ausdruck seiner Macht. Wenige

Farben, Weiß, Gold, Bronze-verschläge auf dunklem, rötlichem Mahagoni-Holz verleihen Kunstobjekten aus dieser Zeit den repräsentativen Ausdruck. Die Formen antiker, meist römischer Bauteile wie Pilaster, Säulen, Gesimse, Friese und Konsolen wurden direkt auf Kunststücke übertragen. Strenge Symmetrie und ebenmäßige Formen wurden auch für die Gehäuse der Groß- und Kleinuhren dieser

Empire-Bronzegußuhr mit Reiterstandbild.

Epoche angewandt. Bei Pendulen und Wanduhren waren Ornamente der „herrischen Zeit" nicht zu übersehen: Lorbeer- und Eichenzweige, Siegesgöttinnen, Waffen und Siegestrophäen, der Löwe und der Adler. Der Charakter des festgefügten, in sich geschlossenen Uhrenhauses wurden speziell in dieser Zeit herausgearbeitet.

Das Biedermeier (1825–1848)

Biedermeier ist der Inbegriff für bürgerliche Wohnkultur. Man denkt an Schlichtheit, Behaglichkeit und Familienleben.

Biedermeier-Portaluhr mit Alabaster-Säulen im Holzgehäuse, die Appliken sind aus Blech getrieben.

Die betonte Schlichtheit und Sachlichkeit des Stils begründete sich auch aus der Tatsache, daß Deutschland und Österreich in der Zeit zwischen 1820 und 1848 wirtschaftlich verarmte. In diesen beiden Ländern entwickelte das Biedermeier seine charakteristischen Formen, die sich auch in der Gestaltung der Möbel, Uhren und anderer Kunstobjekte niederschlug. Bei den Großuhren und Möbeln wurden vorwiegend die Holzarten Esche, helle Birke, Birne und Kirschholz verwendet.

Der Jugendstil (1895–1910)

Mit dem Biedermeier, das das Ende des Klassizismus darstellte, ging die letzte große Stilepoche zu Ende, hinter der noch eine geschlossene Weltanschauung stand. Danach zeigte sich in allen europäischen Ländern eine „Art-Nouveau"-Tendenz. Sie beeinflußte mit der Forderung nach schlichter Schönheit und Zweckmäßigkeit in Verbindung mit handwerklicher, gediegener Grundlage Kunsthandwerk, Kunstgewerbe und Architektur.

Typische Merkmale dieser Zeit sind die dekorativen Wellenlinien, stilisierte Ornamente aus der Natur, vor allem aufgelöste stilisierte Pflanzenkörper

Freischwinger im Holzgehäuse aus der Jugendstilzeit.

sowie die asymmetrische Gesamtkomposition bei allen Kunstobjekten.

Jugendstil-Taschenuhren aus der Schweiz waren bis 1914 als Savonette-Uhren (Gehäuse mit Sprungdeckel), aber auch als Lepine-Form (offene Taschenuhren ohne Sprungdeckel) begehrte Exportartikel.

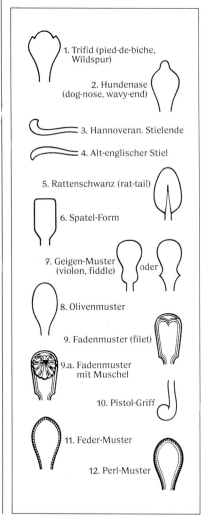

1. Trifid (pied-de-biche, Wildspur)

2. Hundenase (dog-nose, wavy-end)

3. Hannoveran. Stielende

4. Alt-englischer Stiel

5. Rattenschwanz (rat-tail)

6. Spatel-Form

7. Geigen-Muster (violon, fiddle) oder

8. Olivenmuster

9. Fadenmuster (filet)

9.a. Fadenmuster mit Muschel

10. Pistol-Griff

11. Feder-Muster

12. Perl-Muster

Wie Sie es schaffen, mehr zu verkaufen

Nicht nur in unserer Branche werden von „Verkaufsexperten" so klingende Worte wie „up-selling" oder „höherwertiger Verkauf" als hohes Ziel verkäuferischen Tuns gepriesen.

Hinter diesen Worten verbergen sich zwei Ausdrücke, die als Zusatzverkauf und Mehrverkauf längst bekannt sind.

Unterschied zwischen den Begriffen: Beim Mehrverkauf bezieht sich das Mehr auf den Preis, beim Zusatzverkauf wird stückmäßig mehr verkauft, als vom Kunden ursprünglich gewünscht.

Nun könnten wir das zunächst für den Mehrverkauf so erklären: Es sollte Ihr Ziel sein, dem Kunden nicht eine Uhr für 300 DM, sondern für 350 DM zu verkaufen. Das besser Produkt also.

Allerdings dürfen Sie nicht jedesmal, wenn ein Kunde einen bestimmten Preis genannt hat, 50 DM dazurechnen und dann nur die so ermittelte Preisgruppe vorlegen. Diese Taktik muß und wird ohne Erfolg bleiben.

Als ehrliche und überzeugte Fachberater haben Sie im beginnenden Verkaufsgespräch schnell erkannt, ob der Kunde in der Lage ist, mehr Geld auszugeben oder nicht. Wenn er nur 100 DM bei sich hat, wird er – auch im Scheckkartenzeitalter – nur schwer von dieser Grenze abgehen.

Jedoch: Vielfach nennen Kunden aus reiner „Vorsicht" zunächst einen niedrigeren Betrag, sind aber tatsächlich gerne bereit, mehr Geld auszugeben. Sie erkennen diese Bereitschaft schon während der Warenvorlage, auch wenn über Geld noch nicht gesprochen wurde.

Müssen dann aber Preise genannt werden, dann bitte so, wie es im folgenden Beispiel genannt wird, in dem die Ver-

käuferin erkannt hatte, daß der Kunde die Armbanduhr mit Datum häufiger betrachtete.

Argumentation der Verkäuferin:

„Diese Uhr hat im Vergleich zu der danebenliegenden ... Sie besitzen damit ... Das ist nicht nur ..., sondern auch ... Und dieser ... kostet nur ... DM."

Haben Sie die Argumentation verfolgt? Wir sagen nicht, die

eine Uhr mit Kalender sei um ... DM teurer. Wir sagen nicht, die Uhr mit ... kostet ... DM und die ohne ... DM.

Wir nennen den Unterschiedsbetrag in einem Atemzug mit der Bequemlichkeit, dem Vorteil also, und haben damit die gefährliche Klippe des Wortes „teuer" genommen.

Es bedarf sicher einiger Übung, um zu einer derartigen Verkaufstaktik zu kommen. Üben Sie also. Nehmen Sie einige Artikel aus dem Lager und überlegen Sie, wie Sie den Unterschiedsbetrag überzeugend und fachlich zutreffend begründen können.

Wichtig: Beim Mehrverkauf nennen Sie den kleinsten Preis – also den für das Mehr an Uhr, an Schmuck, an Zusatznutzen usw.

Anders dagegen beim Zusatzverkauf. Hier geht es darum, statt eines Armbandes allein auch passende Ohrclips mitzuverkaufen. Oder bei einer Besteckgrundausstattung auch Ergänzungsteile. Dieses zusätzliche Verkaufen ist natürlich etwas schwieriger als der Mehrverkauf.

Im Schmuckbereich kann dort, wo die Kundin dem Set-Gedanken aufgeschlossen gegenübersteht, etwa so argumentiert werden:

„Zu diesem Armband gibt es übrigens auch Ohrclips mit gleichem Dekor. Ich möchte nicht versäumen, Ihnen diese Clips zu zeigen, denn zusammen mit dem Armband würden Sie eine sehr aparte Garnitur besitzen."

Und bei diesen Worten werden die Clips dazugelegt. Ansehen wird sie sich die Kundin bestimmt. Und vielleicht sogar anstecken. Dann haben Sie schon fast gewonnen, denn Anstecken ist gleichbedeutend mit Besitzergreifen.

Jetzt müssen Sie nur noch vorsichtig den Preis ins Spiel bringen – neben einigen schmückenden Begleitworten. Im Gegensatz zum Mehrverkauf nennen wir jetzt aber den Gesamtbetrag der Garnitur:

„Für nur 630 DM besitzen Sie eine elegante, zweiteilige Schmuckgarnitur, die zu schlichteren Tageskleidern besonders gut kontrastiert."

Gar nicht so selten ist Ihnen die Kundin für einen derartigen Tip dankbar. Ob sie nun im Augenblick kauft oder nicht, sollte für Sie nicht sehr entscheidend sein, denn häufig werden spätere Nachkäufe durch einen versuchten Zusatz-

verkauf vorbereitet. Die „Mühe" ist also in keinem Falle vergeblich.

Jedoch: Auch Zusatzverkäufe müssen geplant sein. Machen Sie sich Gedanken, welche Artikel zu welchem zusätzlich angeboten werden können. Armbanduhr – Manschettenknöpfe; Collier und Ring; Armband und Clip; Bestecke – Ergänzungsteile; Manschettenknöpfe – Feuerzeug usw.

Mit etwas Nachdenken werden Sie eine Fülle von Zusatzartikeln finden, die Sie anbieten und in vielen Fällen auch verkaufen können.

Merksatz: Beim Zusatzverkauf nennen wir den Gesamtbetrag, nicht aber den Unterschiedsbetrag. Denn hier wirkt die Gesamtsumme optisch niedriger (da sie ja für mehrere Stücke gilt) als die Einzelsumme plus Zusatzsumme.

Gefühl, Verstand und Willen

Sie haben es in den vorangegangenen Kapiteln sicher schon bemerkt: in einigen (beispielhaften) Verkaufsgesprächen haben wir „sehr cool" argumentiert, sprachlich wie persönlich, manchmal wurden wir fast poetisch.

Ursache: wir bewegen uns selbst während der Verkaufsgespräche in oder auf drei Ebenen:

Sympathie = Gefühlsdimension

Fachwissen = Verstandesdimension

Autorität = Willensdimension

Im Verkaufsgespräch können wir mühelos von einer Dimension in die andere gleiten, je nach Notwendigkeit.

„Wenn Sie sich für diesen Ring entscheiden, überraschen Sie Ihre Frau mit einem **Geschenk von bleibender Erinnerung.** Ein Diamant in dieser **Größe und Qualitätsstufe** ist selten und damit kostbar. **Ich bin sicher,** daß sich Ihre Frau darüber sehr freuen wird."

- Geschenk von bleibender Erinnerung – Damit sprechen wir das Gefühl an.

- Größe, Qualität, Kostbarkeit – Wir signalisieren dem Verstand ein sachliches Argument.

- Ich bin sicher – Damit unterstreichen wir unsere fachliche und verkäuferische Kompetenz, die Kundenentscheidung mitzutreffen oder gar vorwegzunehmen.

Selbstverständlich gibt es Verkaufsgespräche, in denen Sie entweder nur auf einer Ebene agieren oder nur ganz kurz auf eine andere ausweichen müssen. Je technischer ein Produkt ist, desto häufiger ist die Verstandesebene gefragt. Wenn es um Geschenke geht, werden Sie sich dagegen mehr in den Gefühls- und Willensdimensionen bewegen.

Vor allem für das nachfolgende Kapitel ist es wichtig zu wissen, wann es zweckmäßiger ist, den Willen einzusetzen und wann das Gefühl.

An dieser Stelle können und müssen wir einen kurzen Rückblick auf ein vorangegangenes Kapitel machen:

Auf Seite 12 haben wir gesagt, mit welchem Eigenschaftenpaket wir ausgerüstet sein müssen, um erfolgreich verkaufen zu können – jetzt, nach vielen Seiten „Auftanken", wird die Bedeutung dessen erkennbar.

Wichtig ist zu wissen, daß Sie (wir) eben über die drei „Mittel" verfügen, die wirksam einzusetzen sind.

Sympathie kann man wahrscheinlich nicht lernen, persönliche Ausstrahlung ist aber durch Auftritt, Sprache, „Aufmachung", Gesten usw. zu erreichen.

Fachwissen ist erlernbar.

Ihre Autorität ergibt sich vor allem auch aus dem Fachwissen.

Fassen wir also zusammen:

Die unterschiedlichen Wirkfaktoren Sympathie, Fachwissen und Autorität können nebeneinander aber auch übereinander eingesetzt werden. In jedem Falle ist aber wichtig, daß sie sich in ihrer Wirkung nicht ausschließen oder gar behindern.

Es nützt nicht viel, ein hervorragendes Fachwissen zu besitzen, wenn es nicht glaubhaft und auch sympathisch übermittelt werden kann.

Eindruck, Sympathie und Haltung – das sind Stichworte zu Anmerkungen über das Thema Körpersprache:

Fast immer spiegelt sich die augenblickliche Gesamtverfassung in der Körpersprache wider.

Wenn Sie sich **sicher** fühlen, so ist dies u. a. an diesen Gesten zu erkennen:

● Aufrechte, sichere Haltung, gleichmäßiger Atem.

● Steht mit beiden Beinen fest am Boden.

● Der Blickkontakt ist ruhig und sicher, „führen mit den Augen".

● Die Sprache ist nicht zu laut und gut verständlich. Man spürt Ihre Begeisterung.

● Ihre Gesamthaltung und Ihre Aussagen zeigen ein hohes Maß an Übereinstimmung.

Fühlen Sie sich dagegen **unsicher,** so zeigt sich das so:

● Nachlässige, häufig schiefe oder auch gebückte Haltung.

● Der Körper pendelt hin und her, man stützt sich auf.

● Wenig Gestik, Hände in den Hosentaschen oder unter dem Tisch versteckt.

● Blickkontakt wird vermieden oder ist hektisch und nicht offen.

● Sprache ist leise und schwer verständlich, monoton.

● Keine Übereinstimmung zwischen Form und Inhalt, also geringe Glaubwürdigkeit.

Denken Sie aber bitte daran, daß Sie alle Gesten zusammengenommen betrachten müssen, da jede äußere Gebärde z. B. mehrdeutig sein kann. Die Gesamtwirkung ist es also, die wir beachten müssen.

So kann Stirnerunzeln ebenso Aufmerksamkeit oder Neugier, aber auch Mißtrauen ausdrükken. Schulterzucken kann Unwissenheit, aber auch Hilflosigkeit meinen.

Oder: wer sein „Guten Morgen" mit kraftloser Stimme murmelt und den eintretenden Kunden dabei keines Blickes würdigt, hat mehrere seiner möglichen Wirkfaktoren nicht genutzt.

Deshalb nochmals: Sprachliche und nichtsprachliche Faktoren nutzen! Sie motivieren sich damit selbst.

Der Weg zum Verkaufserfolg ist gespickt mit Hindernissen. Sie müssen genommen werden – so oder so. Die größten Hindernisse sind die Einwände der Kunden. Ein Verkauf ohne Kundeneinwendungen ist die berühmte Ausnahme, die die Regel bestätigt. Sie können den Einwänden der Kunden nicht ausweichen, Sie müssen sie widerlegen, wenn Sie verkaufen wollen.

Einwände entkräften, aber richtig

Es kommt während des Verkaufsgespräches fast immer vor, daß der Kunde anderer Meinung ist als der Verkäufer und diese seine Ansicht recht beharrlich vertritt. Und ebenso oft passiert es, daß ein Kunde mit allen möglichen „wenn" und „aber" den Verkäufer zur Weißglut bringt.

Nun, auf Einwände mit Schweigen zu antworten, wäre ebenso falsch wie unumschränktes Zu-

Weichen Sie Einwänden des Kunden aus.

stimmen. Das Schweigen könnte für den Kunden bedeuten, daß man seine Meinung nicht für wichtig hält, daß man sie gar nicht berücksichtigt. Und das kann ins Auge gehen! Denn Kunden reagieren in solchen Fällen oft so: Sie zeigen sich am weiteren Angebot uninteressiert und verlassen mit der Bemerkung „Ich werde mir die Sache noch einmal überlegen" das Geschäft.

Auch rasche Zustimmung kann, wenn ein Kunde eine irrige Ansicht vertritt, fehl am Platze sein. Wird er nämlich im Fachgeschäft nicht höflich und sachlich korrigiert (informiert), erfährt aber von anderer Seite, daß er sich geirrt hatte, dann kann er leicht an der fachlichen Qualifikation des Verkäufers zweifeln.

Haben Kunden nun Einwände, die das Verkaufsgespräch erschweren, dann gibt es drei Möglichkeiten, sie zu entkräften und das Gespräch leicht zu einem günstigen Ende zu bringen.

Die „Ja,-aber-Methode"

Wer damit die Wandlung auf den eigenen Standpunkt vornimmt, nachdem er erst den Standpunkt des Kunden anerkannte, wird erstaunliche Verkaufserfolge haben. Er anerkennt damit für einen Augenblick die Kundenmeinung, setzt aber sofort seine eigene dagegen. Elegante Formulierungen hierzu:

● Sie haben völlig recht, aber...

● Gewiß, so kann man es sehen, aber...

● Zugegeben, diese Form ist etwas extravagant, aber...

Sehen Sie an einem Beispiel, wie man mit dieser Methode in der Praxis arbeiten kann:

Kundin: „Aber das Armband für 300 DM sieht doch genau so gut aus wie das für 450 DM."

Antwort: „Sicher, beim ersten Anblick sehen beide Bänder fast gleich aus. Aber bei diesem Band sind zusätzlich kleine Goldperlen aufgelötet. Damit erhält es eine lebendige plastische Oberfläche, die es leicht verspielt und doch elegant wirken läßt."

Bitte argumentieren Sie bei derartigen Preisunterschieden nicht mit: „Das Band ist besser gearbeitet" oder „Dieses Band wirkt etwas schwerer". Weisen Sie statt dessen auf die Eleganz, auf die Verarbeitung oder das Material hin, die das Schmuckstück auszeichnen. Sie sind damit glaubwürdiger.

Die „Wenn-Sie-mich-fragen-Methode"

Mit ihr kann man oft Fragen oder Einwänden der Kunden dadurch zuvorkommen, daß man sie vorwegnimmt. Gelegentlich spüren wir deutlich, daß der Kunde eine Frage stellen will, aber noch zögert; daß er vielleicht auch einen Einwand bringen will, um sich vom Kauf zurückziehen zu können. In diesen Fällen hilft diese Methode mit solchen Formulierungen:

● Sollten Sie mich fragen, ...

● Ich glaube, Sie werden fragen, ...

● Sie könnten dagegen einwenden, ...

Nehmen wir auch hierzu ein Beispiel:

Verkäufer: Wenn ich Ihnen diese Uhr besonders empfehle, dann werden Sie natürlich fragen, welche Vorzüge sie gegenüber dieser Uhr besitzt. Nun…

Und dann schildern Sie die Vorzüge dieser Uhr und sind damit auf dem besten Wege zum „Höherverkauf".

Die „Frage-Methode"

Bei manchen Kundeneinwänden ist es richtig und oft notwendig, zu bitten, den Einwand zu begründen, um aus der Antwort erkennen zu können, wie man das Verkaufsgespräch weiterzuführen hat.

Fragen:

● Können Sie mir bitte sagen, wie sie …

● Darf ich Sie fragen, warum Sie …

● Hatten Sie zu diesem Thema etwas gelesen, gehört …

Ein Beispiel hierzu:

Während des Verkaufsgespräches (es geht um eine Herrenarmbanduhr) bringt der Kunde immer wieder den Einwand, eine Quartzuhr sei viel komplizierter und damit störanfälliger als eine Handaufzugsuhr. Wenn sich der Kunde nicht überzeugen läßt, dann sollten Sie die Frage-Methode anwenden, um herauszufinden, warum der Kunde die Quartzuhr so hartnäckig ablehnt. Es könnte durchaus sein, daß er mit einer Quartzuhr aus irgendwelchen Gründen keine guten Erfahrungen gemacht hat und nun gegen diesen Uhrentyp eingestellt ist. Wenn Sie den genauen Grund herausbekommen, haben Sie gewonnen. Denn dann ist es ja leicht, die bestehenden Vorurteile auszuräumen.

Weitere Möglichkeiten, die spezieller auf Einwandentkräftung anwendbar sind, basieren zwar zum Teil auf den bisher genannten Methoden, sind aber hie und da im Einzelfall spezieller anwendbar.

Mit der **„Empfehlungsmethode"** wird versucht, auf vorteilhafte Aussagen und auch Erfahrungen anderer Käufer zu verweisen:

„Gerade mit diesem Modell ist ein langjähriger Kunde unseres Hauses sehr zufrieden."

Mit der **„Späher-Methode"** können wir häufig erreichen, daß ein zunächst vorgebrachter Einwand zurückgestellt wird:

„Gestatten Sie, daß ich auf diese Frage später zurückkomme, wenn ich Ihnen interessante Einzelheiten über die Gehäusebearbeitung sage…?"

Alle Methoden zur Einwandentkräftung setzen aber voraus, daß Sie zum einen hervorragende Produktkenntnisse besitzen und zum anderen den Kunden ernst nehmen.

Denn, wie wir eingangs sagten, fragt er ja nicht, um uns auszuhorchen oder gar zu prüfen, er fragt auch nicht, um uns zu ärgern und er bringt sicher auch keinen Einwand vor, um das Produkt „mies zu machen", sondern will wissen, was er für sein Geld bekommt.

Gehen Sie also auf Kundeneinwände gründlich ein, beweisen Sie dem Kunden, daß Sie auf seiner Seite stehen.

Übrigens: arbeiten Sie dabei sowohl mit dem Produkt als auch mit dem Wort! Auch Prospektmaterial, in dem Sie sowohl auf Abbildungen als auch auf technische Informationen verweisen, kann Ihnen dabei gute Hilfestellung leisten.

Wenn die Dame mit der Freundin einen Bummel macht

Für viele Verkäuferinnen sind sie der Schreck in der Morgenstunde: die Kundin mit beratender Freundin. Aber auch andere Paare können uns bis an die Grenze unserer Belastbarkeit treiben:

„Aber das steht Dir doch in Deinem Alter gar nicht mehr!"

„Also, ob Du das noch tragen kannst!!!"

„Diese Eichenuhr paßt eigentlich nicht zu unseren Möbeln."

„Nein, wenn Du schon Geld dafür ausgeben willst, dann..."

Sie kennen diese und ähnliche Bemerkungen, mit denen die „Berater" oder „Begleiter" in unsere Argumentation fallen.

Was tun?

Nun, da Sie ja wohl kaum der Begleitperson den Mund verbieten können, müssen Sie sie in das Verkaufsgespräch mit einbeziehen.

Wichtig: Halten Sie unbedingt auch mit der zweiten Person Blickkontakt, um frühzeitig möglichen Einwänden begegnen zu können.

Machen Sie sich die zweite Person zum Partner, ohne der eigentlichen Kundin (oder dem beherrschenden Teil) das Gefühl des Alleingelassens zu vermitteln.

Geben Sie das Produkt grundsätzlich dem kaufenden Partner in die Hand. Und beziehen Sie die Begleitperson verbal in Ihre Argumentation ein.

„Sie hatten eben schon gesagt, daß..."

„Auch Sie sind sicher der Meinung, daß..."

„Wie Sie eben schon bemerkten, ..."

Auch Zunicken und Zulächeln kann der begleitenden Person das Gefühl des „Mitmachens" vermitteln, ohne daß sie aktiv in das Geschehen eingreift.

Besonders wichtig in den hier beschriebenen Situationen ist eine genaue, ausführliche Kundenwunschermittlung.

Dabei gilt es vor allem aufzupassen, ob der eigentliche Kundenwunsch von der Begleitperson „verwässert" wird oder nicht.

„Ja, ein Armband könnte es schon sein, aber vielleicht wäre ein Ring auch nicht schlecht."

„Eigentlich wolltest Du ja so eine Uhr wie Frau ..., aber wenn ich die hier jetzt sehe..."

Sie haben gemerkt: es wird Zeit und Nerven und Geduld „kosten", bis wir in derartigen Situationen zum Kern der Sache vorstoßen können.

Denken Sie aber bitte immer daran:

Auch und gerade die Begleitperson(en) sind nicht nur Mitkaufentscheider, sondern vor allem auch Meinungsvervielfäl-

tiger – nach dem Kauf, draußen in ihrer „Gesellschaft".

Je besser sie in ihrem Bekanntenkreis von dem Kauferlebnis erzählen, um so wahrscheinlicher ist es, daß wir neue Freunde gewonnen haben.

So gesehen sind also Kunden, die in Begleitung kommen, für uns VIP's, very important persons, die einer bevorzugten Behandlung bedürfen.

Einwände und Gegenargumente beantworten Sie bitte auch in dieser Situation nach den im vorhergehenden Abschnitt beschriebenen Möglichkeiten.

Treffen Sie gemeinsam die Kaufentscheidung

Fassen Sie nun die Argumente, die den Kunden im Verlauf des Verkaufsgespräches ihrer Meinung nach besonders überzeugt haben, zusammen und führen Sie die Entscheidung herbei.

Sie haben dazu verschiedene Möglichkeiten:

Über das Detail:

„Vor allem das Design dieser Uhr hat Ihren Vorstellungen entsprochen."

Wählen Sie ein Schmuckstück aus, statt Ihren Kunden wählen zu lassen.

„Die Vorteile der höherwertigen Legierung hatten Sie überzeugt..."

„Die Seltenheit dieses Steines kam Ihrem Wunsch nach Exklusivität entgegen..."

Über die Alternativfrage:

„Gefällt Ihnen nun die cremefarbene oder die zartrosa getönte Perlenkette besser?"

„Haben Sie sich für das Modell mit dem dunklen oder mit dem hellen Zifferblatt entschieden?"

Über die Behauptung:

„Ich sehe, daß Ihnen dieser Ring besonders gefällt."

„Mit der Uhr aus dem Hause ... haben Sie eine gute Wahl getroffen..."

„Darf ich schon den zu der Uhr gehörenden Garantieschein ausfüllen?"

Die zuletztgenannte „Methode" erfordert Erfahrung. Sie muß vor allem sprachlich gekonnt gebracht werden, um dem Kunden nicht das Gefühl zu vermitteln, er würde nun überfahren.

Achten Sie auf Kaufsignale

Aus dem Verhalten und/oder sprachlichen Äußerungen des Kunden können Sie erkennen, ob das Verkaufsgespräch zu einem erfolgreichen Abschluß führen wird.

Nimmt der Kunde die eine Uhr, das eine Schmuckstück immer wieder in die Hand, „trägt" es, dann kann dies ein Kaufsignal sein.

Aber auch „Kopfkratzen", Kinn- oder Nasenreiben oder tiefes Durchatmen sind Zeichen dafür, daß er den Kaufentscheid eigentlich schon getroffen hat.

Sprachsignale sind dagegen Formulierungen wie:

- „Wenn ich diese Uhr nehme, dann ..."

- „Sie geben mir dafür auch eine Expertise ..."

- „Wenn es nicht gefallen sollte, kann ich ..."

- „Und mit dem Service gibt es keine Schwierigkeiten?"

Denken Sie daran: für den Kunden ist dies die schwierigste Phase des Gespräches.

Was Sie nun keinesfalls tun dürfen, wenn er sein Kaufsignal in eine Frage kleidet: neue Ware vorlegen.

Dieser Fehler wird häufig gemacht. Der Kunde sagt: „Eigentlich gefällt mir diese Uhr ja sehr gut, ich bin nur nicht sicher, ob sie zu mir paßt!" Verkäuferin: „Ja, dann nehmen wir doch nochmal diese Uhr zum Vergleich."

Sie ahnen schon: das Spiel beginnt von neuem, der Kunde wird gezwungen, den Leidensweg der Entscheidung nochmals zu gehen.

Ich werde es mir nochmal überlegen...

Für viele Verkäuferinnen und Verkäufer ist es eine persönliche Niederlage, wenn nach längerer Beratung der Kunde das Geschäft mit der Bemerkung verläßt, er werde es sich noch einmal überlegen.

Nun, sicher kann es sein, daß er von der Beratung und dem Angebot enttäuscht ist, daß er andere Vorstellungen hatte, daß der Preis zu hoch war und... und... und...

Vergessen wir aber nicht, daß so mancher, der das Geschäft betritt, sich zunächst nur informieren will. Er „testet" gewissermaßen unser Angebot, unseren Beratungsservice und auch unseren Betrieb. Untersuchungen haben gezeigt, daß Uhren- und auch Schmuckkäufer bis zu sechs Geschäfte aufsuchen, bevor sie sich dann zum Kauf entschließen.

Also: auch bei Besuchern, bei denen wir den Eindruck haben (oder es wissen), daß sie nicht sofort kaufen werden, müssen wir mit der gleichen Intensität wie bei einem „echten" Verkaufsgespräch bei der Sache bleiben.

Und: unterstreichen Sie die Bereitschaft, z. B. eine spezielle Auswahl anzufordern, erwähnen Sie die breite Palette Ihrer Serviceleistungen (eigene Werkstätten), stellen Sie die Preiswürdigkeit Ihres Sortimentes heraus, alle Stärken also, die Sie für Ihren Betrieb anhand der Checkliste zu Be-ginn dieses Buches erarbeitet haben.

Übrigens: nicht selten „weigern" sich „Schau- oder Prüfkunden", den angebotenen Sitzplatz anzunehmen, weil sie natürlich, als „erfahrene Konsumenten", wissen, daß dies, wie früher erwähnt, ein Rückzugsgefecht erschwert.

Präsentieren Sie in derartigen Fällen die Ware durchaus an dem Sitzverkaufstisch – im Sitzen:

„Sie gestatten, daß ich sitzen bleibe, weil ich Ihnen so besser die einzelnen Uhren zeigen kann."

Ist natürlich nicht unbedingt logisch, aber häufig (vor allem, wenn an Nebentischen Sitzverkauf läuft) setzen sich auch Ihre Kunden/Interessenten.

Folgen sie Ihrer Einladung nicht, dann ist das ja auch kein Beinbruch – Sie haben es versucht, bleiben, sitzend, freundlich und machen in Ihrem Verkaufsgespräch weiter.

Es hat in dieser Situation übrigens gar nichts mit Unhöflichkeit zu tun, wenn Sie sitzen bleiben.

Ist das Informationsgespräch tatsächlich ohne Verkaufsfolgen geblieben, dann ist zum Schluß vor dem Verabschieden noch viel zu tun.

Überreichen Sie ausführliches Informationsmaterial zu den gewünschten Produkten. Sollten Sie eine firmenspezifische Information haben (Unternehmensporträt usw.), um so besser.

Und sollten Sie die zu Beginn erwähnte persönliche Visitenkarte übergeben können – noch besser.

Je mehr Sie an Worten und an Gedrucktem mitgeben können, um so größer ist die Wahrscheinlichkeit, daß die Gäste wiederkommen.

Denn: je stärker die Erinnerung an ein inhaltsreiches Informationsgespräch und das Informationsmaterial, um so intensiver ist die Bindung an den Ort des Geschehens.

Abschiednehmen fällt nicht leicht ...

Hat sich der Kunde entschieden, ist es nicht damit getan, ihn zur Kasse zu begleiten und ein „Auf Wiedersehen" zu murmeln.

Vielmehr muß in dieser Situation vor allem die Richtigkeit des Kaufentscheides bestätigt werden.

- „Sie haben eine wirklich gute Wahl getroffen."

- „Daran werden Sie noch lange Freude haben."

- „Wer diese Uhr an Ihnen sieht, wird Sie zu der Wahl beglückwünschen."

- „Das wird eine große Überraschung sein, wenn ..."

In dieser Schlußphase des Verkaufsgespräches ist dann auch

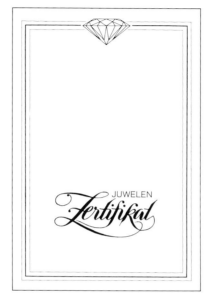

der richtige Zeitpunkt gekommen, um weitere Serviceleistungen unseres Hauses anzubringen.

Das beginnt, bei Uhren z.B., mit der Vorlage und dem Ausfüllen des Garantiescheines. Spätestens jetzt können Sie den Namen des Kunden erfahren (um ihn beim Verabschieden damit ansprechen zu können!).

Wenn's um Schmuck geht, können Sie den Schmuckpaß überreichen oder – so die Situation geeignet ist – den Partnerpaß anbieten.

Das schafft ebenso neue Kontaktbrücken wie das Mitgeben von kleinen Informationsschriften über Edelsteine oder Perlen.

Sollten Sie derartige „Wußten Sie schon, daß ..."-Informationen gar als eigene Firmendrucke haben, so wäre für das Image Ihres Unternehmens schon sehr viel über das Normale hinaus getan.

Daß wir, je nach Kaufanlaß, das Produkt ansprechend und optisch wertvoll verpacken, ist eigentlich eine Selbstverständlichkeit.

Und: begleiten Sie Ihren Kunden zur Türe. Der letzte Ein-

Lassen Sie Ihren Kunden einfach stehen, sobald er bezahlt hat.

druck, den er von Ihnen und Ihrem Geschäft mitbekommt, ist von besonderer Bedeutung.

Ihr „Auf Wiedersehen" und „Danke für Ihren Besuch bei uns" muß so glaubhaft klingen, daß es Ihrem Kunden noch lange im Gedächtnis bleibt.

Wo geht es, bitte, zur Beschwerdeabteilung

Meistens sind diejenigen, die es eigentlich angeht, gar nicht da, wenn ein Kunde reklamiert, sich beschwert. Die Kollegin, die das Verkaufsgespräch seinerzeit führte, ist in Urlaub, der Chef auf einer Tagung und der Werkstattleiter beim Fournitureneinkauf.

Was also tun?

Zunächst dem Kunden Platz anbieten. Schon das Hinsetzen nimmt viel von dem ursprünglichen Erregungsschwung:

● „Bitte nehmen Sie Platz, ich werde mich sofort darum kümmern!"

● „Natürlich werde ich mich gleich dieser Sache annehmen."

Vermitteln Sie dem Kunden das Gefühl, daß alles im Geschäft liegen und stehen bleibt, um sich seinem Problem zu widmen.

Hören Sie dem Kunden zu und versuchen Sie zu ermitteln, wie es zu der Reklamation kam.

Mögliche Ursachen:

1. Mangelnde Eingangskontrollen beim Eintreffen neuer Ware.

2. Mangelnde Ausgangskontrolle beim Verkauf.

3. Mangelhafte Aufklärung über Beanspruchungsmöglichkeiten.

4. Überbeanspruchung durch den Kunden.

5. Natürlicher Verschleiß, Abnutzung.

6. Konstruktions- oder Materialfehler (siehe 1.).

Egal zunächst, woran es liegt: der Kunde will von Ihnen nicht wissen, daß Sie mit der Marke X schon mehrfach Ärger hatten, daß Ihre Kollegin noch wenig Erfahrung hat oder gar daß Sie dieses Produkt gar nicht mehr führen.

Verwenden Sie, je nach Ursache, diese oder ähnliche Formulierungen:

● „In seltenen Fällen kann es einmal vorkommen, daß bei der automatischen Fertigung..."

● „Möglicherweise ist ein von außen nicht zu erkennender Materialfehler..."

Zeigen Sie Ihrem Kunden offen, daß er Unrecht hat.

● „Wahrscheinlich hat sich im Laufe der Zeit..."

Versuchen Sie nun nach Möglichkeit, in der eigenen Werkstatt oder, wenn vertretbar, durch Umtausch Abhilfe zu schaffen.

Keinesfalls sollten Sie aber, weder beim Reparatur- noch beim Reklamationsgespräch, die Formulierung verwenden: „Das müssen wir einschicken!"

Damit erklären Sie deutlich, daß Sie als Fachgeschäft nicht in der Lage sind, den in den Augen des Kunden lächerlich kleinen Fehler zu beheben. Ihre Kompetenz ist damit auf den Nullpunkt gesunken.

Besser: „Für diese Fehlerbeseitigung können wir den Herstellerservice in Anspruch nehmen!"

Vergewissern Sie sich aber bitte vor eventuellen Zusagen über die Dauer und die Kosten!

Wenn Reparaturen kommen...

Zugegeben, Reparaturkunden sind häufig die schwierigsten Kunden, weil sie vielfach technische Fragen stellen, die Sie als Verkäuferin nicht immer beantworten können.

In den meisten Fällen wird es daher notwendig sein (und auch empfehlenswert), den zuständigen Mitarbeiter aus der Werkstatt hinzuzuziehen. Sie sollten nicht zögern, das zu tun, weil Sie Fehlerquellen im Werk sicher nur selten entdecken oder gar beurteilen können. So etwas ist auch Sache des Technikers.

Natürlich werden Sie, wenn erkennbare Störungen vorliegen (Glas zersprungen, Krone ab, Federsteg gebrochen), die notwendigen Erläuterungen selbst geben können.

Nehmen Sie jedoch Uhren an, bei denen eine Störung im Werk zu vermuten ist, so empfiehlt es sich, falls Sie nicht sofort auf die Werkstatt zurückgreifen können, folgende Fragen an den Kunden zu stellen:

Bei mechanischen Uhren:

Ist die Uhr plötzlich stehengeblieben?

Ging sie allmählich langsamer/schneller?

Erfuhr sie äußere Einwirkung (Schlag, Fall)?

Wann war die Uhr zuletzt in Inspektion?

Wie lange ist die Uhr in Betrieb (etwa)?

Bei batteriebetriebenen Uhren:

Wie lange ist die Uhr in Gebrauch?

Wie alt etwa ist die Batterie?

Zeigte die Uhr zuletzt auffallende Gangabweichung?

Aus den Antworten des Kunden kann die Werkstatt auf mögliche Fehlerquellen schließen und eine notwendige Reparatur wegen des dadurch geringeren Zeitaufwandes für die Fehlersuche schneller und meist auch kostengünstiger durchführen.

Der Rubin, der keiner war...

Besondere Vorsicht, zur eigenen Sicherheit, ist bei der Annahme von Steinschmuck oder Perlen geboten. Bei diesen Produkten sind die Kunden auch besonders mißtrauisch:

„Wird auch kein anderer Stein eingesetzt?"

„Bekomme ich tatsächlich meine Perlen wieder?"

Also:

Zählen Sie in Gegenwart der Kundin die Perlen und lassen Sie sich die Zahl u.U. auf der Reparaturtüte bestätigen.

Weisen Sie darauf hin, daß durch ein neues Knoten die Perlenkette möglichweise kürzer sein wird, weil die Perlen nicht mehr so locker sitzen.

Schreiben Sie niemals „Rubinring" oder „Aquamarinanhänger": Sie sind kaum in der Lage, visuell zu bestimmen, ob der Stein echt oder synthetisch ist. Schon mehrmals brachten Kunden „alten Schmuck", in dem keineswegs ein Rubin verarbeitet war, sondern ein synthetischer Korund (dessen Herstellung bereits seit 1870 bekannt ist). Notieren Sie also „Ring mit rotem Stein", um sich vor späteren möglichen Schadensersatzforderungen zu schützen.

Empfehlenswert ist es, Schmuck in Gegenwart des Kunden auf sichtbare Beschädigungen hin zu untersuchen und das Ergebnis zu notieren (Krappen angebrochen, Besatzsteine fehlen, Verschluß nicht in Ordnung usw.).

Welche Reparaturen an Schmuck kann die Industrie ausführen?

Nach Feststellungen der Arbeitsgemeinschaft der Deutschen Schmuck- und Silberwarenindustrie sind nicht möglich:

- das Ausbeulen von Schmuck, vor allem von hohlem Schmuck
- Verlängern und Zusammensetzen von Venezia-, gedrückten oder gefeilten Anker- und Panzerketten (z. B. Kobra-, S-Ketten), von Schlangen- und Fuchsschwanzketten, von Milanaisegeflechten und gefädeltem Similischmuck
- das Vergrößern des Umfanges von Armreifen
- das Nachfassen von Similischmuck, wenn die Steine vergilbt sind
- Weitenänderungen von Brillant- und Edelsteinringen, bei denen die Steine in der Ringschiene gefaßt sind (z. B. Memoire-Ringe)
- die Neuherrichtung von Trauringen mit aufgelöteten Fassungen
- das Reparieren von Ringen mit Emaileinlagen
- das Ändern oder Austauschen von Gravurplatten
- das Reparieren oder Ausbeulen von emaillierten, lackierten oder nur teilweise vergoldeten Taschengebrauchsartikeln
- das Entfernen oder nachträgliche Anbringung von Gravuren und Gravurschildern auf guillochierten Taschengebrauchsartikeln
- das Reparieren von Thermometerhülsen oder anderen Artikeln, die durch angelaufenes Quecksilber verunreinigt wurden

Folgende Arbeiten sind nur beschränkt möglich:

- das Paaren von Ohrringen und Manschettenknöpfen
- das Austauschen von Steinen bei Silber-, Doublé- und unechtem Schmuck
- das Anlöten von Broschierungen
- das Richten von Broschen-Nadeln
- das Erneuern von Kugelsicherungen
- das Anlöten von Broschen-Böckchen
- das Reparieren von hohlen Schmuckstücken
- das Verlängern von hohlen Schmuckstücken
- Veränderungen an Bandringen mit gefaßten Steinen
- Veränderungen an Trauringen mit aufgelöteten Fassungen
- Veränderungen an Platinringen
- das Überarbeiten stark abgetragener Ketten
- Weitenänderungen von gemusterten Trauringen
- Weitenänderungen von Ringen um vier Nummern und mehr
- das Ausbeulen von Taschengebrauchsartikeln

Die Kosten für derartige Änderungen – auch bei Trauringen – müssen in Rechnung gestellt werden, wie es auch in anderen Branchen bei Änderungen üblich ist. Es handelt sich dabei um zusätzliche Dienstleistungen, deren Kosten durch die Verkaufspreise nicht gedeckt sind; Kostenvoranschlag einholen.

Es dürfte selbstverständlich sein, daß der einzelne Industriebetrieb Reparaturen nur an Waren vornehmen kann, die von ihm geliefert worden sind. Waren, deren Lieferanten mangels einer Fabrik- oder Herstellermarke nicht festgestellt werden können, sollten daher vom Handel nicht zur Reparatur angenommen werden. Das wäre Aufgabe eines Handwerksbetriebs.

An Mustern, die nicht mehr in der Fabrikation sind, können Reparaturen nur begrenzt ausgeführt werden.

Bei Gegenständen mit Ladenverkaufspreisen unter 50 DM, bei Goldware unter 100 DM lohnen sich Reparaturen nicht, weil sie im Verhältnis zum Preis der Ware zu teuer werden.

Die Lieferzeiten von Reparaturen sollten von Fall zu Fall erfragt werden, bevor dem Kunden eine Terminzusage gegeben wird.

Bei Berücksichtigung dieser Tatsachen kann der fachkundige Einzelhändler selbst entscheiden, ob eine Reparatur ausgeführt werden kann oder nicht. Er sollte diese Entscheidung auch selbst dem Kunden gegenüber treffen und nicht an die Industrie Waren zur Reparatur senden, von denen er weiß, daß sie nicht mehr repariert werden können, oder daß sich eine Reparatur unter den heutigen Verhältnissen nicht lohnt.

Der Handel würde dadurch nicht nur sich und der Industrie die Arbeit erleichtern; er würde auch seinem Kunden Wartezeiten und unnötigen Ärger ersparen.

Für das Geld bekomme ich ja eine neue Uhr!

Reparaturpreise erscheinen dem Verbraucher oft deshalb unangemessen hoch, weil er, verständlicherweise, nicht weiß, welche einzelnen Arbeitsvorgänge von der Fehlersuche angefangen bis zur Fehlerbeseitigung in der Werkstatt vorgenommen werden (müssen).

Deshalb: Beschreiben Sie so detailliert wie möglich die notwendigen Arbeitsschritte, beim Uhrenservice ebenso wie beim Schmuckservice.

Lassen Sie sich dazu aus Ihrer eigenen Werkstatt eine Checkliste anfertigen, die Sie u. U. beim Reparaturpreisgespräch zur Hand haben und mit dem Kunden „abhaken" können.

Wenn ein Laie erkennt, daß der Batteriewechsel im Fachgeschäft nicht mit „Deckel-auf-Deckel-zu" erledigt wird, sondern mit Funktionsprüfungen, Kontaktreinigen, Dichtungselemente ersetzen usw. verbunden ist, wird unser Preis glaubhaft.

Fachgeschäftsservice ist, sagen Sie das Ihren Kunden, werterhaltender und die Gebrauchsdauer des Produktes verlängernder Pflegeservice.

Wir führen diesen Service immer dann aus, wenn er bei dem jeweiligen Produkt in einem für den Konsumenten vertretbaren Preis-Leistungsverhältnis steht.

Dies kann sich auf die Anschaffungskosten beziehen, aber auch auf den ideellen Wert.

Mit Äußerungen wie „Die Reparatur lohnt sich nicht mehr" müssen Sie besonders bei „alten" Produkten vorsichtig sein. Viele Kunden sind bereit, für den Erinnerungswert viel Geld auszugeben und sind enttäuscht, wenn Ihnen (aus Bequemlichkeit?) das gute Stück „vermiest" wird.

Und bedenken Sie auch: fachmännischer Werkstattservice ist (noch?) eine der stärksten Pluspunkte im Fachgeschäft. Zufriedene Reparaturkunden sind fast immer auch wiederkommende Stammkunden.

In den Fällen, in denen der Reparatur- und/oder Materialaufwand jedoch in keinem Verhältnis zum Wert der Uhr steht, werden Sie natürlich zum Neukauf anregen.

„Für einen Betrag von ... DM zum voraussichtlichen Reparaturpreis kann ich Ihnen aus unserer ...-Kollektion schon ein aktuelles, zusätzlich mit ... ausgestattetes Modell der Marke ... zeigen ..."

Übrigens: daß Sie beim Uhrenserviceverkauf den Zustand des Armbandes prüfen und evtl. zum Neukauf raten, ist ja wohl ebenso verständlich, wie im Schmuckbereich oder Silber auf Pflegesets oder gar Ihren Schmuckpaß hinzuweisen – oder?

Schützen Sie sich vor Trickdiebstählen

Konzentration im Verkaufsgespräch ist nach wie vor der beste Schutz gegen Trickdiebstähle.

Unübersichtliche Vorlage von Uhren und Schmuck erleichtert Trickdieben die Arbeit ganz wesentlich. Wer Ware ohne Schema auf den Tisch legt, darf sich nicht wundern, wenn später ein Stück fehlt. Deshalb: Uhren immer im Fünfer-System vorlegen.

Kleinere Artikel, wie z. B. Ringe oder Manschettenknöpfe, legen Sie im Fünfer-System vor, wie die Augen eines Würfels. Diese Anordnungen sind einfach deshalb zweckmäßig, weil das Fehlen eines Stückes das optische Bild so auffallend stört, daß wir das Fehlen sofort bemerken.

Auch die Kenntnis der häufig angewandten Tricks hilft Schaden zu verhüten. Aus den Unterlagen der Kriminalpolizei und Geschädigter haben wir einige oft ausgeführte Trickdiebstähle zusammengefaßt, um Ihnen die Arbeitsweise der Trickdiebe zu verdeutlichen.

Obwohl schon bekannt, wird mit dem Kaugummi-Trick (man kann auch doppelseitiges Klebeband nehmen!) immer noch erfolgreich gearbeitet. Dabei läßt sich ein Täter mehrere Ringe vorlegen, lenkt die Verkäuferin ab und entwendet ein Stück, das er dann an die Unterseite der Theke klebt. Sie können den Verdächtigen, falls Sie das Fehlen sofort bemerkt haben, durchsuchen. Sie werden nichts finden. Am nächsten Tag kommt ein Komplize, kauft eine Kleinigkeit und nimmt von der ihm bezeichneten Stelle den Ring fort.

Kurz vor Ende der Geschäftszeit erscheint ein Mann und läßt sich kostbare Stücke vorlegen. Er ist in Eile, vor der Tür wartet das Taxis zum Flughafen. In der Hast der Vorlage, des Suchens und Herbeibringens aus anderen Theken entwendet der Täter ein besonders wertvolles Stück. Wenn Sie das Fehlen bemerkt haben, ist es oft zu spät.

Häufig wird an Samstagen oder an anderen Wochentagen kurz vor Schalterschluß der Banken ein teures Stück mit Scheck bezahlt. Sie haben meist keine Zeit, die Echtheit zu prüfen. Seien Sie unbekannten Kunden gegenüber, die mit Scheck bezahlen, vorsichtig. Lassen Sie sich den Personalausweis oder den Paß zeigen. Auch wenn diese Papiere gefälscht sein sollten, sind sie im Schadensfalle für die Polizei eine wichtige Spur.

Eine neue Variante des Trickdiebstahls ist der sogenannte Wechselfallen-Diebstahl, bei dem der Täter versucht, bei Herausgabe des Wechselgeldes so zu verwirren, daß im Endeffekt wesentlich mehr Geld herausgegeben wird, als notwendig war. Gehen Sie vor allem dann, wenn Wechselgeld noch auf dem Tisch liegt und vom Kunden noch nicht eingesteckt wurde, nicht sofort auf weitere Wünsche ein, die von dem noch vorliegenden Geld bezahlt werden sollen. Während Sie nämlich nach Ware suchen, nimmt der Täter Geld weg und behauptet, Sie hätten falsch gewechselt, das Geld sei ja noch auf dem Tisch.

Ein sehr übler Trick ist auch folgender: Am Vormittag kommt ein Kunde und bezahlt mit einem Hundertmarkschein. Er hat nur eine Kleinigkeit gekauft. Später, möglichst wenn viel Betrieb ist, erscheint der Mittäter, kauft ebenfalls eine Kleinigkeit. Er hält die Verkäuferin mit Fragen zu verschiedenen Waren vom Wechseln ab, will dann das eine oder andere Stück sehen und erklärt schließlich bei Herausgabe des Geldes, mit einem Hundertmarkschein bezahlt zu haben. Nach kurzem Gespräch behauptet er, er wisse das genau, denn es sei ein Tick von ihm, sich die Nummern der Geldscheine, die er ausgebe, zu notieren. Wenn Sie nun in Ihrer Kasse nachsehen, so finden Sie bestimmt den Hundertmarkschein mit der angegebenen Nummer. Allerdings wurde dieses Geld vom Komplizen bereits am Vormittag abgegeben!

Natürlich haben wir mit dieser Aufzählung längst nicht alle gängigen Tricks beschreiben können. Und: Die Herren Diebe bilden sich auch weiter. Ausgehöhlte Streichholzschachteln mit doppelseitigem Klebeband versehen, präparierte Feuerzeuge und Zigarettenetuis sind durchaus ge-

104

eignet, kleinere Gegenstände schnell verschwinden zu lassen.

Versuchen Sie also Trickdiebstähle zu verhindern, indem Sie diese Punkte beachten:

● Lassen Sie sich nicht zur Eile drängen, auch wenn noch so viele Kunden warten. Nervöse Verkaufskräfte sind die ersten und leichtesten Opfer der Trickdiebe.

● Behalten Sie stets die Rückwände der Schaufenster im Auge, wenn diese nur mit einem Vorhang versehen sind und keinen Glasabschluß besitzen.

● Wenn Sie Ware aus dem Fenster nehmen müssen, dann lassen Sie sich das Stück genau beschreiben. Und holen Sie es allein. Trickdiebe treten oft mit an das Fenster und verlangen ein Stück, das ganz vorne an der Scheibe liegt. Wenn Sie sich vorbeugen, dann nehmen die geschickten Diebe unter Ihnen ein ganzes Sortiment weg, ohne daß Sie es sofort merken.

● Glasschiebetüren an der Schaufensterrückwand sollten auch während starken Kundenandrangs verschlossen sein. Die paar Sekunden, die man zum Schließen braucht, ersparen Ärger und Verlust.

● Lassen Sie nur soviel Ware auf dem Tisch, wie unbedingt notwendig. Und behalten Sie kleine Stücke im Auge. Merken Sie sich, was Sie auf dem Tisch haben, wenn Sie sich einmal kurz abwenden müssen.

● Regenschirme sollen nicht an die Theke gehängt werden, sondern in einem Schirmständer bei der Tür abgelegt werden. Viele Ringe sind schon, von der Verkäuferin unbemerkt, in einen am Verkaufstisch hängenden Schirm gefallen.

Schutz vor Trickdiebstahl besteht also in geordneter Warenvorlage (Ordnung auch in Laden, soweit daraus verkauft wird), in systemvoller Vorlage und in Konzentration bei Verkaufsgespräch und Wechselgeldausgabe. Trickdiebe senden leider keine Signale, an denen man sie erkennen könnte. Trickdiebe nutzen Unaufmerksamkeit, Hetze, Unordnung auf dem Verkaufstisch.

Und dann wäre noch zu sagen...

...daß wir über dies nichts geschrieben haben und für jenes Problem keinen Lösungsvorschlag machten.

Richtig. Doch es schien mir zum Beispiel nicht wichtig, zu schreiben, daß sich ein Vorgesetzter nicht ohne vorherige Absprache in ein Verkaufsgespräch mischt und dadurch die Verkäuferin in den Augen des Kunden möglicherweise „herabsetzt". Warum? Weil eine qualifizierte Führungskraft dies eben nicht macht! Ich halte es auch nicht für notwendig zu schreiben, daß man Eltern mit Kindern besonders aufmerksam und geduldig beraten sollte. Und es wäre auch unaufrichtig, Ihnen zahlreiche „Wenn..., dann..."-Formeln vorzugeben. Im „Ernstfall" nützen Sie Ihnen sowieso nicht, weil die Kunden, „Gottseidank", so verschieden, so individuell sind, daß sie einen „Verkäufer aus der Retorte" ohnehin nicht akzeptieren würden.

Aber: So wie in diesem Buch auf verschiedene Publikationen, z. B. der Platin-Gilde, der International Gold Corporation, De Beers und Rund um die Perle sowie der Fachzeitschrift UhrenJuwelenSchmuck zurückgegriffen wurden, sollten Sie auch zupacken.

Nutzen Sie aber neben Herstellerinformationen auch Ihre Fachzeitschriften und vor allem auch alle Fortbildungsmöglichkeiten, die Ihnen angeboten werden.

Je mehr Sie für Ihre eigene Fortbildung tun, ob mit oder ohne Unterstützung durch Ihren Fachbetrieb, um so sicherer und besser werden Sie als Verkäuferpersönlichkeit.

Als Sie sich für diesen Beruf entschieden (oder entscheiden mußten), war unsere Gesellschaft schon längst auf dem Weg zu einer Dienstleistungsgesellschaft. So gesehen ist Verkaufen also durchaus eine zukunftssichere Tätigkeit.

Aber: eine konsumorientierte Käuferschar, die viel Freizeit hat, wird Kaufen eben als Freizeitbeschäftigung betrachten. Das heißt: hohe Ansprüche an das Kauferlebnis und an den Kaufort.

Damit ist klar: die Ansprüche an die Verkäufer steigen und steigen.

Bleiben Sie also bei Ihrer persönlichen beruflichen Bildung immer am Ball, damit Sie nicht plötzlich aus dem Spiel sind.

Auf der nächsten Seite finden Sie eine persönliche Check-Liste, mit der Sie Ihre Stärken und Schwächen nach jedem Verkaufsgespräch prüfen können.

Machen Sie sich von dieser Liste einige Kopien und checken Sie sich immer wieder.

Natürlich können auch Ihre Kolleginnen und Kollegen davon profitieren.

Wichtig ist, zu versuchen, die Stärken zu nutzen und die Schwächen abzubauen.

Von George Bernard Shaw stammt der Satz: „Als ich ein junger Mann war, merkte ich, daß von zehn Dingen, die ich tat, neun fehlschlugen. Ich wollte kein Versager sein und arbeitete zehnmal soviel."

Ich hoffe, daß Ihnen dieses Lesebuch die Arbeit an sich und für sich erleichtern hilft. Blättern Sie deshalb immer wieder einzelne Kapitel auf, deren Themen Ihnen in der Verkaufspraxis Probleme bereiten.

So vergrößern, erweitern und vertiefen Sie, vor allem in der täglichen Anwendung im Verkaufen, Ihr Wissen.

„Wissen aber ist ein Schatz, der seinen Besitzer überallhin begleitet", sagt ein chinesisches Sprichwort.

Prüfen Sie Ihre Stärken und Schwächen

Ihre persönliche Check-Liste

1.
Wie war meine Begrüßung, Kontaktaufnahme?

_____

_____

_____

_____

2.
War ich freundlich, höflich oder mißmutig, schlecht gelaunt?

_____

_____

_____

_____

3.
Konnte ich den Kaufwunsch richtig ermitteln.

_____

_____

_____

_____

4.
Habe ich zugehört? Oder sofort Ware gezeigt?

_____

_____

_____

_____

5.
Habe ich wirklich versucht, das Problem des Kunden zu verstehen?

_____

_____

_____

_____

6.
Habe ich mich bemüht, die richtige Ware zu zeigen?

_____

_____

_____

_____

7.
Habe ich die Ware übersichtlich und ansprechend vorgelegt?

_____

_____

_____

_____

8.
Habe ich den Kunden bei der Produktbeschreibung mit Fachausdrücken „erschlagen"?

_____

_____

_____

_____

9.
Habe ich während des Verkaufsgespräches ständig Augenkontakt behalten?

_____

_____

_____

_____

10.
Habe ich für den Verkauf eines Stückes argumentiert oder für die Problemlösung des Kunden?

_____

_____

_____

_____

_____

_____

11.
Habe ich Einwände ernstgenommen oder nur als vorgeschoben betrachtet?

_____

_____

_____

_____

_____

_____

12.
Habe ich dem Kunden ein Einkaufserlebnis vermitteln können oder tauschte er nur Geld gegen Ware?

_____

_____

_____

_____

_____

_____

13.
Was habe ich gesagt/getan, um den Kunden zum Wiederkommen einzuladen?

_____

_____

_____

_____

_____

_____

14.
Was müßte/würde ich anders machen, wenn der Kunde morgen nochmals käme?

_____

_____

_____

_____

_____

_____

15.
Was muß/möchte ich tun/ändern, um zufriedener und besser verkaufen zu können?

_____

_____

_____

_____

_____

_____